동양북스 외국어
베스트 도서

700만 독자의 선택!

새로운 도서,
다양한 자료
동양북스
홈페이지에서
만나보세요!

www.dongyangbooks.com
m.dongyangbooks.com

※ 학습자료 및 MP3 제공 여부는 도서마다 상이하므로 확인 후 이용 바랍니다.

홈페이지 도서 자료실에서 학습자료 및 MP3 무료 다운로드

PC

❶ 홈페이지 접속 후 도서 자료실 클릭
❷ 하단 검색 창에 검색어 입력
❸ MP3, 정답과 해설, 부가자료 등 첨부파일 다운로드

　* 원하는 자료가 없는 경우 '요청하기' 클릭!

MOBILE

* 반드시 '인터넷, Safari, Chrome' App을 이용하여 홈페이지에 접속해주세요. (네이버,
　다음 App 이용 시 첨부파일의 확장자명이 변경되어 저장되는 오류가 발생할 수 있습니다.)

❶ 홈페이지 접속 후 ☰ 터치

❷ 도서 자료실 터치

❸ 하단 검색창에 검색어 입력
❹ MP3, 정답과 해설, 부가자료 등 첨부파일 다운로드

　* 압축 해제 방법은 '다운로드 Tip' 참고

| 일본어뱅크 |

배우면 배울수록 일본어가 좋아지는

좋아요 일본어

감영희 · 미우라 마사요 · 사이키 가쓰히로 · 사쿠마 시로
성해준 · 아오키 히로유키 · 정태준 · 한탁철 지음

2

동양북스

| 일본어뱅크 |

배우면 배울수록 일본어가 좋아지는

좋아요
일본어 2

초판 6쇄 | 2023년 9월 25일

지은이 | 감영희, 미우라 마사요, 사이키 가쓰히로, 사쿠마 시로, 성해준, 아오키 히로유키, 정태준, 한탁철
발행인 | 김태웅
책임 편집 | 길혜진, 이선민
일러스트 | 임은정
디자인 | 남은혜, 김지혜
마케팅 | 나재승
제 작 | 현대순

발행처 | (주)동양북스
등 록 | 제 2014-000055호
주 소 | 서울시 마포구 동교로22길 14 (04030)
구입 문의 | 전화 (02)337-1737   팩스 (02)334-6624
내용 문의 | 전화 (02)337-1762   dybooks2@gmail.com

ISBN 979-11-5768-284-3 14730
        979-11-5768-282-9 (세트)

이 도서의 국립중앙도서관 출판예정도서목록(CIP)은 서지정보유통지원시스템 홈페이지(http://seoji.nl.go.kr)와 국가자료공동목록시스템
(http://www.nl.go.kr/ kolisnet)에서 이용하실 수 있습니다.
(CIP제어번호:CIP2017020009)

머리말

　일본어는 한국인에게 배우기 쉬운 외국어로 알려져 있습니다. 그것은 양국의 언어가 같은 우랄·알타이어족으로 어순이 같고 문법이나 어휘적 측면에서 비슷한 부분이 많기 때문일 것입니다. 또한 음성학적으로도 몇 가지 발음체계 자체의 상이함이나 한국어에는 없는 발음도 있지만, 일본어 발음에 필요한 요소들 대부분은 한국인 학습자들에게 그다지 어렵지 않을 것이란 판단 때문입니다.

　본 교재는 그러한 측면에서 '일본어를 학습하는 데 있어 한국인 학습자가 지닌 장점'을 최대한 활용할 수 있도록 노력하였습니다. 그를 위해 때로는 공부하기 어려운 부분들을 생략하기도 했습니다.

　예를 들면 다음과 같은 경우입니다. 'おいしい(맛있다)'라는 형용사가 있습니다. 일반적인 교재에서는 형용사의 기본활용 부분에서 다음 네 가지 활용 형태를 제시합니다. 'おいしいです(맛있습니다)', 'おいしく ありません(맛있지 않습니다)', 'おいしかったです(맛있었습니다)', 'おいしく ありませんでした(맛있지 않았습니다)'가 그것입니다. 그런데 본 교재에서는 가장 기본적이고도 사용 빈도가 높은 'おいしいです'와 'おいしくありません'만을 제시합니다. 즉 "쉽고 재미있게 공부하자"는 자세가 본 교재의 기본 취지이기 때문입니다.

　그러면 '심화학습을 기대하기 어렵다'는 불만이 나올 수 있습니다. 하지만 저자 일동은 문법사항을 총망라하는 것보다 비교적 이해하기 쉽고 사용에 편리한 내용을 우선 도입함으로써, 학습자의 마음을 편히 하고 재미있는 학습을 유도하여 성취감을 얻을 수 있다는 점에 보다 중점을 두었습니다. 기초 단계에서부터 어려운 벽에 부딪혀 중도에 포기하고 마는 안타까운 일이 있어서는 안 되기 때문입니다. 저자 일동은 학습자들이 본 교재를 통해 '일본어는 정말 쉽고 재미있다'는 생각을 하게 되기를 진정으로 바랍니다.

　외국어 학습이란 긴 여행과도 같습니다. 아무리 뛰어난 교재라 할지라도 긴 여행에 필요한 모든 것을 갖추기란 어려운 일입니다. 본 교재는 일본어 학습 여행을 처음 시작하는 데에 필요한 최소한의 내용을 가장 알차게 다룸으로써, 실패하는 학습자가 생기지 않도록 세심한 주의를 기울여 구성하였습니다. 본 교재와 함께 일본어 학습이라는 긴 여행을 떠난다면, 금방 멈추고 가던 길을 되돌아서는 일은 결코 없을 것임을 확신합니다.

　부디 학습자 여러분의 일본어 학습에 도움이 되는 좋은 교재가 되기를 희망하며, 좋은 성과가 있기를 기원합니다.

　감사합니다.

2017년 7월 저자 일동

이 책의 구성과 특징

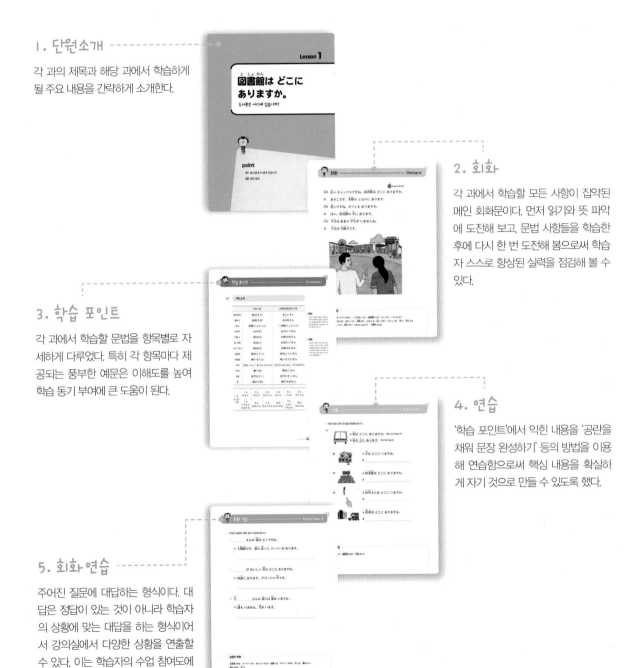

1. 단원소개

각 과의 제목과 해당 과에서 학습하게
될 주요 내용을 간략하게 소개한다.

2. 회화

각 과에서 학습할 모든 사항이 집약된
메인 회화문이다. 먼저 읽기와 뜻 파악
에 도전해 보고, 문법 사항들을 학습한
후에 다시 한 번 도전해 봄으로써 학습
자 스스로 향상된 실력을 점검해 볼 수
있다.

3. 학습 포인트

각 과에서 학습할 문법을 항목별로 자
세하게 다루었다. 특히 각 항목마다 제
공되는 풍부한 예문은 이해도를 높여
학습 동기 부여에 큰 도움이 된다.

4. 연습

'학습 포인트'에서 익힌 내용을 '공란을
채워 문장 완성하기' 등의 방법을 이용
해 연습함으로써 핵심 내용을 확실하
게 자기 것으로 만들 수 있도록 했다.

5. 회화 연습

주어진 질문에 대답하는 형식이다. 대
답은 정답이 있는 것이 아니라 학습자
의 상황에 맞는 대답을 하는 형식이어
서 강의실에서 다양한 상황을 연출할
수 있다. 이는 학습자의 수업 참여도에
큰 이점으로 작용할 것으로 기대된다.

6. 응용 연습

질문과 대답 모두 학습자가 스스로 선택할 수 있는 형식을 취한다. 따라서 각 과의 학습 내용을 이용해 학습자와 학습자 사이의 의사소통이 가능하도록 고안된 고도의 학습법이다. 학습자는 다양한 상황을 연상하면서 새로운 표현에 도전하고 성공하면서 학습 성취도를 만끽할 수 있다.

8. 쓰기 연습

주어진 한글 문장을 일본어로 옮겨 보는 연습, 즉 작문 연습이다. 이는 말하기 연습과 같은 효과를 낼 수 있어서 '읽기 연습'과 더불어 각 과의 최종 정리 시간이 된다.

7. 읽기 연습

각 과에서 학습한 내용이 집약된 비교적 긴 문장을 읽고 해석해 봄으로써 지금까지 학습한 내용을 되새김하는 시간을 제공한다. 얼마나 정확한 해석이 가능한지 측정해 보고, 특히 읽을 때는 처음부터 끝까지 틀리지 않고 읽을 수 있도록 도전해 보는 것도 좋은 효과를 낼 수 있다.

9. JLPT에 도전!

각종 시험에서 나올 수 있는 문제 형식을 이용해 각 과에서 학습한 내용도 점검하고 JPT, JLPT 등 대표적인 일본어 능력시험의 문제 형식에도 익숙해질 수 있어서 일거양득의 효과를 기대할 수 있다.

* 생활 어휘

'생활 어휘'에서는 각 과와 관련된 기본 어휘들을 사진 자료와 함께 제공한다.

* 일본 문화탐방

'일본 문화 탐방'에서는 일본을 이해하는 기초 자료와 관련 이미지를 함께 제공한다. 언어는 문화에서 나오는 만큼 문화를 이해하는 힘은 일본어 능력 향상에도 큰 도움이 될 것이다.

차례

 **50음도**

 Track 2-0

히라가나

	あ행	か행	さ행	た행	な행	は행	ま행	や행	ら행	わ행	ん
あ단	あ [a]	か [ka]	さ [sa]	た [ta]	な [na]	は [ha]	ま [ma]	や [ya]	ら [ra]	わ [wa]	ん [N]
い단	い [i]	き [ki]	し [shi]	ち [chi]	に [ni]	ひ [hi]	み [mi]		り [ri]		
う단	う [u]	く [ku]	す [su]	つ [tsu]	ぬ [nu]	ふ [hu]	む [mu]	ゆ [yu]	る [ru]		
え단	え [e]	け [ke]	せ [se]	て [te]	ね [ne]	へ [he]	め [me]		れ [re]		
お단	お [o]	こ [ko]	そ [so]	と [to]	の [no]	ほ [ho]	も [mo]	よ [yo]	ろ [ro]	を [o]	

가타카나

	ア행	カ행	サ행	タ행	ナ행	ハ행	マ행	ヤ행	ラ행	ワ행	ン
ア단	ア [a]	カ [ka]	サ [sa]	タ [ta]	ナ [na]	ハ [ha]	マ [ma]	ヤ [ya]	ラ [ra]	ワ [wa]	ン [N]
イ단	イ [i]	キ [ki]	シ [shi]	チ [chi]	ニ [ni]	ヒ [hi]	ミ [mi]		リ [ri]		
ウ단	ウ [u]	ク [ku]	ス [su]	ツ [tsu]	ヌ [nu]	フ [hu]	ム [mu]	ユ [yu]	ル [ru]		
エ단	エ [e]	ケ [ke]	セ [se]	テ [te]	ネ [ne]	ヘ [he]	メ [me]		レ [re]		
オ단	オ [o]	コ [ko]	ソ [so]	ト [to]	ノ [no]	ホ [ho]	モ [mo]	ヨ [yo]	ロ [ro]	ヲ [o]	

図書館は どこに ありますか。
と しょ かん
도서관은 어디에 있습니까?

point

01 あります/います 있습니다

02 위치 명사

Track 2-01-01

中村 広い キャンパスですね。図書館は どこに ありますか。

林 あそこです。本館の となりに あります。

中村 近いですね。カフェも ありますか。

林 はい、図書館の 中に あります。

中村 今日は あまり 学生が いませんね。

林 今日は 日曜日です。

▶ 낱말과 표현

広い 넓다 | キャンパス 캠퍼스 | ~ですね ~네요 | 図書館 도서관 | どこ 어디 | ~に (장소)에 |
ありますか 있습니까 | あそこ 저기 | 本館 본관 | となり 옆 | 近い 가깝다 | カフェ 카페 | 中 안 | 今日 오늘 |
あまり 별로, 그다지 | 学生 학생 | いません 없습니다 | 日曜日 일요일

01 あります/います 있습니다

	있습니다	없습니다
사물 · 식물	あります	ありません
사람 · 동물	います	いません

| 예문 |

❶ 田中<small>たなか</small>さんは 教室<small>きょうしつ</small>に います。

다나카 씨는 교실에 있습니다.

❷ 今日<small>きょう</small>は お金<small>かね</small>が ありません。

오늘은 돈이 없습니다.

❸ 通<small>とお</small>りに 猫<small>ねこ</small>は いません。

거리에 고양이는 없습니다.

❹ 公園<small>こうえん</small>には きれいな 花<small>はな</small>が あります。

공원에는 예쁜 꽃이 있습니다.

❺ 外国人<small>がいこくじん</small>の 友達<small>ともだち</small>が います。

외국인 친구가 있습니다.

❻ 鈴木<small>すずき</small>さんの 家<small>いえ</small>には 庭<small>にわ</small>が あります。

스즈키 씨 집에는 정원이 있습니다.

▶ 낱말과 표현

教室<small>きょうしつ</small> 교실 | お金<small>かね</small> 돈 | 通<small>とお</small>り 거리 | 猫<small>ねこ</small> 고양이 | 公園<small>こうえん</small> 공원 | きれいだ 예쁘다 | 花<small>はな</small> 꽃 |
外国人<small>がいこくじん</small> 외국인 | 友達<small>ともだち</small> 친구 | 家<small>いえ</small> 집 | 庭<small>にわ</small> 정원

02   위치 명사

장소	ここ	そこ	あそこ	どこ
	여기	거기	저기	어디

うえ	した	なか	そと
上 위	下 아래	中 안	外 밖
まえ	うし	みぎ	ひだり
前 앞	後ろ 뒤	右 오른쪽	左 왼쪽
よこ	となり	ちか	む
横 옆	隣 옆	近く 근처	向かい 맞은편

| 예문 |

❶ コンビニは 学校の 中に あります。

편의점은 학교 안에 있습니다.

❷ 私の マンションの 近くに 病院が あります。

제 아파트 근처에 병원이 있습니다.

❸ 映画館は そこです。

영화관은 거기입니다.

❹ テレビの 前に 猫が います。

TV 앞에 고양이가 있습니다.

Tip

일본어의 위치 명사를 어떤 명사 뒤에 연결해서 쓸 때 항상 그 앞에 한국어의 '의'에 해당하는 'の'를 씁니다. 즉 '학교 앞'을 일본어로 표현할 때는 '学校の 前'가 되며 'の'가 꼭 들어가야 합니다.

Tip

일본의 'マンション'은 그 건물의 높이와 세대 수를 볼 때 한국의 아파트에 해당되고, 'アパート'는 한국의 맨션과 비슷하다고 할 수 있습니다.

▶ **낱말과 표현**

コンビニ 편의점 | 学校 학교 | マンション 아파트 | 病院 병원 | 映画館 영화관 | テレビ TV

▶ 아래 예와 같이 문장을 완성해 봅시다.

예)

A 本^{ほん}は どこに ありますか。 책은 어디에 있습니까?

B <u>机^{つくえ}の 上^{うえ}に あります。</u> 책상 위에 있습니다.

❶ A 犬^{いぬ}は どこに いますか。

B _____

❷ A 図書館^{としょかん}は どこに ありますか。

B _____

❸ A 田中^{たなか}さんは どこに いますか。

B _____

❹ A 花屋^{はなや}は どこに ありますか。

B _____

▶ 낱말과 표현

机^{つくえ} 책상 | 外^{そと} 밖 | 運動場^{うんどうじょう} 운동장 | 花屋^{はなや} 꽃가게

▶ 주어진 질문에 예와 같이 대답해 봅시다.

① ＿＿＿＿＿さんの 家は どこですか。

예) 大淵洞です。家の 近くに スーパーが あります。

＿＿＿＿＿＿＿＿＿＿＿＿＿＿＿＿＿＿＿＿＿

② ＿＿＿＿＿が おいしい 店は どこに ありますか。

예) 西面に あります。デパートの 中です。

＿＿＿＿＿＿＿＿＿＿＿＿＿＿＿＿＿＿＿＿＿

③ 今、＿＿＿＿＿さんの 家には 誰が いますか。

예) 誰も いません。犬が います。

＿＿＿＿＿＿＿＿＿＿＿＿＿＿＿＿＿＿＿＿＿

▶ 낱말과 표현

大淵洞 대연동 ｜ **スーパー** 슈퍼 ｜ **おいしい** 맛있다 ｜ **西面** 서면 ｜ **デパート** 백화점 ｜ **今** 지금 ｜ **誰が** 누가 ｜
誰も 아무도 ｜ **犬** 개

▶ 한국어 해석을 참고하여 밑줄 친 부분에 적절한 단어를 넣어 연습해 봅시다.

A 広い キャンパスですね。_____は どこに ありますか。

B あそこです。_____に あります。

A 近いですね。_____も ありますか。

B はい、_____に あります。

A 今日は あまり 学生が いませんね。

B 今日は _____です。

A 넓은 캠퍼스이네요. _____은/는 어디에 있습니까?

B 저기입니다. _____에 있습니다.

A 가깝네요. _____도 있습니까?

B 네, _____에 있습니다

A 오늘은 별로 학생이 없네요.

B 오늘은 _____입니다.

읽기 연습 .... Reading

私の 家

 Track 2-01-02

私の 家は マンションです。釜山市の 新平に あります。新平駅から あまり 遠く ありません。新平駅の 近くには 大きな スーパーが あります。スーパーには いつも 人が たくさん います。マンションの 後ろに 山が あります。山には りすや 鹿や 猪が います。

쓰기 연습 .... Writing

▶ [읽기 연습]을 참고로 하여 자신의 집 주변에 대해 써 봅시다.

▶ **낱말과 표현**

マンション 아파트 | 釜山市 부산시 | 新平 신평 | 駅 역 | 遠い 멀다 | 大きな 큰 | いつも 항상 | 人 사람 |
たくさん 많이 | 山 산 | りす 다람쥐 | ～や ～이나/나 | 鹿 사슴 | 猪 멧돼지

問題1 ＿＿＿＿の ことばは どう よみますか。①・②・③・④から いちばん いい ものを ひとつ えらんで ください。

1 つくえの 上に 本が あります。

① じょう　　　② げ　　　　③ うえ　　　④ した

問題2 ＿＿＿＿の ぶんと だいたい おなじ いみの ぶんが あります。①・②・③・④から いちばん いい ものを ひとつ えらんで ください。

2 猫（ねこ）が テレビの 前（まえ）に います。

① 猫（ねこ）の 横（よこ）に テレビが あります。

② 猫（ねこ）の 後（うし）ろに テレビが あります。

③ 猫（ねこ）が テレビの となりに います。

④ 猫（ねこ）が テレビの 後（うし）ろに います。

問題3 （　　　）に なにを いれますか。①・②・③・④から いちばん いい ものを ひとつ
　　　えらんで ください。

[3] 部屋に きれいな 花が （　　　）。

　　① あります　　　② います　　　③ 前です　　　④ たくさんです

[4] カフェは 映画館の （　　　）。

　　① あります　　　② います　　　③ 前です　　　④ たくさんです

[5] ビル （　　　） 中に コンビニが あります。

　　① が　　　　　② の　　　　　③ に　　　　　④ で

家と家具 집과 가구

玄関
현관

台所
부엌

トイレ
화장실

(お)風呂
욕실, 욕조

電気
전등

たんす
장롱

エアコン
에어컨

テーブル
테이블

冷蔵庫
냉장고

ベッド
침대

洗濯機
세탁기

掃除機
청소기

<ruby>何<rt>なん</rt>人<rt>にん</rt>家<rt>か</rt>族<rt>ぞく</rt></ruby>

何人家族ですか。

가족은 몇 명입니까?

point

Track 2-02-01

尹　小林さんは 何人家族ですか。

小林　5人家族です。父と 母と 兄が 二人 います。

尹　小林さんは お兄さんが 二人ですか。

　　いいですね。

小林　ユンさんは 何人家族ですか。

尹　私も 5人家族です。両親と 姉と 妹が います。

小林　お姉さんと 妹さんですか。

　　私は ユンさんが うらやましいです。

▶ **낱말과 표현**

何人 몇 명 | 家族 가족 | 父 (나의) 아버지 | 母 (나의) 어머니 | 兄 (나의) 형/오빠 | 二人 두 명 | お兄さん (남의) 형/오빠 |
いい 좋다 | ～ですね ～네요 | 姉 (나의) 누나/언니 | 妹 (나의) 여동생 | お姉さん (남의) 누나/언니 |
妹さん (남의) 여동생 | うらやましい 부럽다

01　가족 소개

	나의 가족	상대방/제삼자의 가족
할아버지	祖父(そふ)	おじいさん
할머니	祖母(そぼ)	おばあさん
부모	両親(りょうしん)	ご両親(りょうしん)
아버지	父(ちち)	お父(とう)さん
어머니	母(はは)	お母(かあ)さん
형, 오빠	兄(あに)	お兄(にい)さん
누나, 언니	姉(あね)	お姉(ねえ)さん
남동생	弟(おとうと)	弟(おとうと)さん
여동생	妹(いもうと)	妹(いもうと)さん
남편	夫(おっと)／主人(しゅじん)	ご主人(しゅじん)／だんなさん
아내	妻(つま)	奥(おく)さん
아들	息子(むすこ)	息子(むすこ)さん
딸	娘(むすめ)	娘(むすめ)さん

～人 (にん) ～명	1人 ひとり	2人 ふたり	3人 さんにん	4人 よにん	5人 ごにん	6人 ろくにん
	7人 しちにん ななにん	8人 はちにん	9人 きゅうにん	10人 じゅうにん	11人 じゅういちにん	何人 なんにん

Tip
[나의 가족]은 자신의 가족을 남에게 소개하거나 말할 때 쓰입니다. [상대방/제삼자의 가족]은 대화의 상대방 또는 제삼자의 가족을 말할 때 쓰입니다.

Tip
자신의 가족을 직접 부를 때는 자신보다 나이가 많은 가족은 [상대방/제삼자의 가족]에게 쓰는 호칭을 사용하고 자신보다 나이가 어린 가족은 이름으로 부르는 게 일반적입니다.

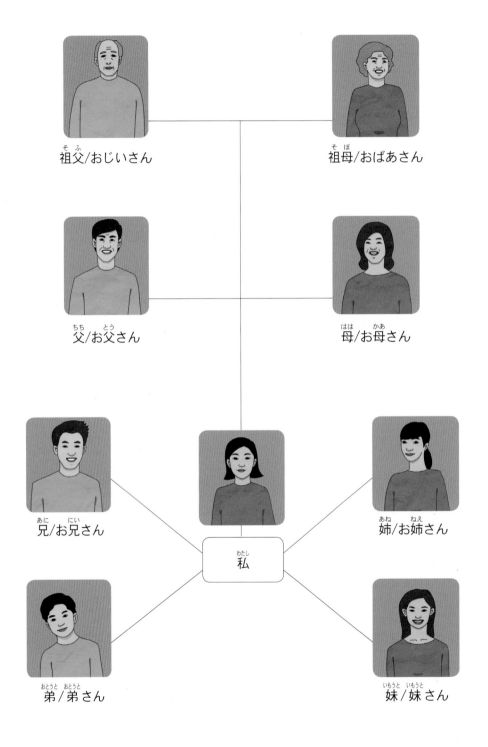

祖父/おじいさん

祖母/おばあさん

父/お父さん

母/お母さん

兄/お兄さん

私

姉/お姉さん

弟/弟さん

妹/妹さん

| 예문 |

❶ 何人家族ですか。

　　가족은 몇 명입니까?

❷ ４人家族です。父と 母と 弟が います。

　　가족은 4명입니다. 아버지와 어머니와 남동생이 있습니다.

Tip

'兄弟'라고 하면 형제를 뜻하지만, 남매, 자매를 일컫는 총칭으로도 쓰입니다.

❸ 何人兄弟ですか。

　　형제가 몇 명입니까?

❹ 弟が います。２人兄弟です。

　　남동생이 있습니다. 두 형제입니다.

❺ 兄弟は いません。 형제는 없습니다.

❻ キムさんは ご両親と お姉さんが ３人 います。６人家族です。

　　김 상은 부모님과 누나가 세 명 있습니다. 가족이 여섯 명입니다.

❼ A 兄弟が いますか。 형제가 있습니까?

　　B いいえ、いません。 아니요. 없습니다.

02 〜で 〜이고

» 私は 3人家族で、一人っ子です。

저는 가족이 세 명이고 외동입니다.

» 山田さんは 4人兄弟で、末っ子です。

야마다 씨는 4형제이고 막내입니다.

| 예문 |

❶ 私は 今年 二十歳＿＿＿＿、大学生です。

저는 올해 20세이고 대학생입니다.

❷ 父は 大学教授＿＿＿＿、母は 小学校の 先生です

아버지는 대학 교수이고 어머니는 초등학교 선생님입니다.

❸ 兄は 会社員＿＿＿＿、弟は 高校生です。

형/오빠는 회사원이고 남동생은 고등학생입니다.

▶ **낱말과 표현**

今年 올해 | **大学生** 대학생 | **大学教授** 대학 교수 | **小学校** 초등학교 | **会社員** 회사원 | **高校生** 고등학생

▶ 아래 예와 같이 문장을 완성해 봅시다.

예)

_{なん にん か ぞく}
A 何人家族ですか。 <small>가족은 몇 명입니까?</small>

_{よ にん か ぞく}　　　_{ちち}　　_{はは}　　_{あね}
B ４人家族です。父と 母と 姉が います。

<small>가족이 4명입니다. 아버지와 어머니와 누나가 있습니다.</small>

❶

_{なんにん か ぞく}
A 何人家族ですか。

B _____

_____

❷

_{なんにん か ぞく}
A 何人家族ですか。

B _____

_____

▶ 아래 예와 같이 문장을 완성해 봅시다.

예)

キムさんは 4人家族です。 김 상은 가족이 4명입니다.

お父さんと お母さんと 妹さんが います。

아버지와 어머니와 여동생이 있습니다.

❶ パクさんは 5人家族です。

_____ 。

❷ イさんは 6人家族です。

_____ 。

회화 연습 ·· Exercises 3

▶ 주어진 질문에 예와 같이 대답해 봅시다.

① 何人家族ですか。 예) 4人家族です。 父と 母と 姉が います。

_____

② 兄弟が いますか。 예) はい、兄が 二人 います。

_____

▶ 한국어 해석을 참고하여 밑줄 친 부분에 적절한 단어를 넣어 연습해 봅시다.

A _____さんは 何人家族ですか。

B _____です。_____が います。

A _____さんは _____ですか。いいですね。

B _____さんは 何人家族ですか。

A _____です。_____が います。

B _____ですか。私は _____さんが うらやましい

です。

A _____ 씨는 가족이 몇 명입니까?

B _____입니다. _____이/가 있습니다.

A _____ 씨는 _____입니까? 좋네요.

B _____ 씨는 가족이 몇 명입니까?

A _____입니다. _____이/가 있습니다.

B _____입니까? 저는 _____ 씨가 부럽습니다.

私の 家族

🎵 Track 2-02-02

私は 4人家族で、父と 母と 妹が います。

父は 会社員で、お酒が 好きです。母は 主婦で、優しい 人です。

妹は 大学生で、来年 卒業です。私は 就活生で、今 少し 大変です。

それから、私の 家には 猫も います。猫も 大事な 家族です。

▶ [읽기 연습]을 참고로 하여 자신의 가족에 대해 써 봅시다.

_____

_____

_____

_____

_____

_____

▶ 낱말과 표현

お酒 술 | 好きだ 좋아하다 | 主婦 주부 | 優しい 자상하다 | 人 사람 | 来年 내년 | 卒業 졸업 | 就活生 취업 준비생 |
今 지금 | 少し 조금 | 大変だ 힘들다 | それから 그리고 | 猫 고양이 | 大事だ 소중하다

問題 1 ＿＿＿＿＿ の ことばは どう よみますか。①・②・③・④から いちばん いい ものを
ひとつ えらんで ください。

1 私は 姉が います。

① あね ② おね ③ あに ④ おに

2 私は 3人兄弟です。

① きょだい ② きょたい ③ きょうだい ④ きょうたい

問題 2 (　　　)に なにを いれますか。①・②・③・④から いちばん いい ものを ひとつ
えらんで ください。

3 A「 (　　　) は 主婦^{しゅふ}ですか。」

B「いいえ、母^{はは}は 公務員^{こうむいん}です。」

① おかあさん ② おばあさん ③ おとうさん ④ おじいさん

4 私は 3人兄弟です。姉 (　　　) 弟が います。

① が ② も ③ は ④ と

5 私は (　　　) 家族^{かぞく}です。

① しにん ② よにん ③ しんにん ④ よんにん

干支(十二支) 띠(십이지)*

ねずみ
쥐

うし
소

とら
호랑이

うさぎ
토끼

たつ
용

へび
뱀

うま
말

ひつじ
양

さる
원숭이

とり**
닭

いぬ
개

いのしし***
멧돼지

* '～띠'라고 말할 때는 동물 이름 뒤에 '해'를 뜻하는 '年'을 붙여 'どし'라고 발음한다. 예) 쥐띠 → 'ねずみどし'
** 'とり'는 '새'를 의미하는 총칭이고 '닭'은 'にわとり'라고 하는데 '닭띠'를 말할 때는 닭의 뜻으로 'とり'를 사용해 'とりどし'라고 부른다.
*** '돼지띠'는 '멧돼지'를 뜻하는 'いのしし'를 사용해 'いのししどし'라고 부른다. 참고로 '돼지'는 일본어로 'ぶた'라고 한다.

図書館で 勉強を します。

도서관에서 공부를 합니다.

point

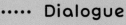
Track 2-03-01

呉　加藤さんは 今日 何を しますか。

加藤　図書館で 勉強を します。オさんは。

呉　私は 友達と 映画を 見ます。

加藤　いいですね。週末は 何を しますか。

呉　土曜日に 彼女と ソウルへ 行きます。

　　加藤さんは。

加藤　私は どこへも 行きません。

▶ 낱말과 표현

今日 오늘 | ～を ～을/를 | する 하다 | 図書館 도서관 | ～で ～에서 | 勉強 공부 | 友達 친구 | ～と ～과/와 |
映画 영화 | 見る 보다 | いい 좋다 | 週末 주말 | 土曜日 토요일 | ～に ～에 | 彼女 여자 친구 | ソウル 서울 |
～へ ～에 | 行く 가다 | どこへも 어디에도

01 동사의 그룹 나누기

3그룹 동사 (변격 동사)	불규칙적인 활용을 하고 두 개만 있음. ・する 하다 ・くる 오다
2그룹 동사 (상·하1단 동사)	る로 끝나되 る 앞이 i단, e단인 동사. ・みる ・おきる ・ねる ・たべる
1그룹 동사 (5단 동사)	3그룹과 2그룹에 속하지 않는 모든 동사. ① る로 끝나지 않는 모든 동사. 　・かう ・いく ・よむ ② る로 끝나되 る 앞이 i단, e단이 아닌 동사. 　・ある ・つくる ・のる *예외 동사 : 형태상 2그룹이지만, 활용은 1그룹인 동사. 　・かえる ・はいる ・はしる 외

| 확인하기 |

기본형	뜻	그룹	기본형	뜻	그룹
行^いく	가다		買^かう	사다	
寝^ねる	자다		読^よむ	읽다	
乗^のる	타다		する	하다	
来^くる	오다		帰^{かえ}る	돌아가다/오다	
見^みる	보다		食^たべる	먹다	

02 동사 ます형 활용

3그룹 동사	불규칙 활용 ・する → します ・くる→ きます
2그룹 동사	る를 떼고 ます를 붙인다. ・みる → みます ・たべる → たべます
1그룹 동사	어미(u단)를 i단으로 바꾸고 ます를 붙인다. ・かう → かいます ・いく → いきます ・よむ → よみます ・ある → あります ・のる → のります ・つくる → つくります *かえる → かえります

Tip

~ます/ません은 '~합니다/하지 않습니다'와 '~할 겁니다/하지 않을 겁니다'의 의미로 쓰입니다.

예 毎日 映画を 見ます。
매일 영화를 봅니다.
明日 映画を 見ます。
내일 영화를 볼 겁니다.

【ます형】ます ~합니다	예 買う → 買います 삽니다
【ます형】ません ~하지 않습니다	→ 買いません 사지 않습니다

| 확인하기 |

기본형	뜻	그룹	~ます	기본형	뜻	그룹	~ます
買う	사다	1		読む	읽다	1	
寝る	자다	2		行く	가다	1	
食べる	먹다	2		来る	오다	3	
する	하다	3		帰る	돌아가다/오다	1	
見る	보다	2		乗る	타다	1	

▶ ます형의 활용 연습 및 정리

		그룹	~ます	~ません
買う	사다			
会う	만나다			
待つ	기다리다			
持つ	들다, 가지다			
死ぬ	죽다			
飲む	마시다			
読む	읽다			
遊ぶ	놀다			
話す	이야기하다			
聞く	듣다			
行く	가다			
泳ぐ	헤엄치다			
ある	있다			
乗る	타다			
帰る	돌아가다/오다			
いる	있다			
見る	보다			
起きる	일어나다			
寝る	자다			
食べる	먹다			
来る	오다			
する	하다			

▶ ます형의 활용 연습 및 정리 [정답]

		그룹	～ます	～ません
買う	사다	1	かいます	かいません
会う	만나다	1	あいます	あいません
待つ	기다리다	1	まちます	まちません
持つ	들다, 가지다	1	もちます	もちません
死ぬ	죽다	1	しにます	しにません
飲む	마시다	1	のみます	のみません
読む	읽다	1	よみます	よみません
遊ぶ	놀다	1	あそびます	あそびません
話す	이야기하다	1	はなします	はなしません
聞く	듣다	1	ききます	ききません
行く	가다	1	いきます	いきません
泳ぐ	헤엄치다	1	およぎます	およぎません
ある	있다	1	あります	ありません
乗る	타다	1	のります	のりません
帰る	돌아가다/오다	1	かえります	かえりません
いる	있다	2	います	いません
見る	보다	2	みます	みません
起きる	일어나다	2	おきます	おきません
寝る	자다	2	ねます	ねません
食べる	먹다	2	たべます	たべません
来る	오다	3	きます	きません
する	하다	3	します	しません

03 조사 [～に, ～で, ～へ, ～を, ～と]

～に ～(시간, 장소)에	• 夜 12時に 寝ます。 밤 12시에 잡니다. • トイレは どこに ありますか。 화장실은 어디에 있습니까?
～で ～(장소)에서	• 会社の 前で 待ちます。 회사 앞에서 기다립니다.
～へ ～(장소, 방향)에, 로	• 土曜日に 福岡へ 行きます。 토요일에 후쿠오카에 갑니다.
～を ～을/를	• 毎朝 運動を します。 매일 아침 운동을 합니다.
～と ～과/와	• 友達と 帰ります。 친구와 돌아갑니다.

Tip

어디에서 어디까지 간다고 할 때, '～에서(기점)'와 '～까지(도착점)'를 나타내는 조사는 '～から'와 '～まで'를 씁니다. 즉 '서울에서 부산까지'는 'ソウルから 釜山まで'라고 하며 'ソウルで 釜山까지'는 잘못된 표현입니다.

Tip

'～へ'는 표기는 'へ[he]'이지만, 발음은 'え[e]'가 됩니다. 이것은 조사로 쓰이는 '～は[ha]'가 'わ[wa]'로 발음되는 경우와 마찬가지입니다.

| 예문 |

❶ 6時＿＿＿＿ 起きます。

6시에 일어납니다.

❷ 食堂＿＿＿＿ 友達＿＿＿＿ 昼ごはん＿＿＿＿ 食べます。

식당에서 친구와 점심을 먹습니다.

❸ 日曜日＿＿＿＿ 友達の 家＿＿＿＿ 行きます。

일요일에 친구 집으로 갑니다.

▶ **낱말과 표현**

夜 밤 | 寝る 자다 | トイレ 화장실 | 会社 회사 | 前 앞 | 待つ 기다리다 | 福岡 후쿠오카(규슈지방에 있는 도시) |
行く 가다 | 毎朝 매일 아침 | 運動 운동 | 帰る 돌아가다/오다 | 起きる 일어나다 | 食堂 식당 | 昼ごはん 점심 (식사) |
食べる 먹다

▶ 아래 예와 같이 문장을 완성해 봅시다.

예)

> 西面
> バイトをする

A 日曜日は 何を しますか。 일요일은 무엇을 할 겁니까?

B <u>西面で バイトを します。</u> 서면에서 아르바이트를 할 겁니다.

❶
> 図書館
> 本を読む

A 今日は 何を しますか。

B _____

❷
> 友達
> 映画を見る

A 明日は 何を しますか。

B _____

❸
> 8時
> 起きる

A 金曜日は 何時に 起きますか。

B _____

❹
> 実家
> 帰る

A 週末は 何を しますか。

B _____

▶ **낱말과 표현**

明日 내일 | 西面 서면 | バイト アルバイト(아르바이트)의 준말 | 本 책 | 読む 읽다 | 金曜日 금요일 | 実家 고향집

40

▶ 주어진 질문에 예와 같이 대답해 봅시다.

① 今日は 何を しますか。 예) 友達と カフェへ 行きます。

_____

② 明日は 何を しますか。 예) サッカーを します。

_____

③ 日曜日は 何を しますか。 예) 何も しません。

_____

응용 연습 .... Exercises 3

▶ 한국어 해석을 참고하여 밑줄 친 부분에 적절한 단어를 넣어 연습해 봅시다.

A _____さんは 今日 何を しますか。 _____ 씨는 오늘 무엇을 할 겁니까?

B _____で _____。 ____さんは。 ____에서 _____~할 겁니다. ____ 씨는?

A 私は_____。 저는 _____~할 겁니다.

B いいですね。週末は 何を しますか。 좋네요. 주말은 무엇을 할 겁니까?

A _____。 ____さんは。 _____~할 겁니다. ____ 씨는?

B 私は _____。 저는 _____~할 겁니다/하지 않을 겁니다.

▶ **낱말과 표현**

カフェ 카페 | サッカー 축구 | 何も 아무것도

私の 一日

 Track 2-03-02

朝、6時に 起きます。7時に 朝ごはんを 食べます。9時に 学校へ 行きます。12時まで 勉強を します。1時まで 友達と 昼ごはんを 食べます。その後、コーヒーを 飲みます。4時から 1時間 運動します。6時に 家へ 帰ります。

7時に 夕ごはんを 食べます。9時に ニュースを 見ます。その後、インターネットを します。11時に 寝ます。

쓰기 연습 •• Writing

▶ [읽기 연습]을 참고로 하여 나의 하루에 대해 써 봅시다.

▶ **낱말과 표현**

一日 하루 | 朝 아침 | 学校 학교 | ～まで ～까지 | 昼ごはん 점심밥 | その後 그 후 | コーヒー 커피 | 飲む 마시다 |
1時間 한 시간 | 家 집 | 夕ごはん 저녁밥 | ニュース 뉴스 | インターネット 인터넷

問題1 ＿＿＿＿＿ の ことばは どう よみますか。①・②・③・④から いちばん いい ものを
ひとつ えらんで ください。

1 本_{ほん}を 読_よみます。

① のみ　　　　② よみ　　　　③ とうみ　　　　④ どくみ

問題2 ＿＿＿＿＿ の ことばは どう かきますか。①・②・③・④から いちばん いい ものを
ひとつ えらんで ください。

2 4時_{よじ}に ここへ きます。

① 切ます　　　　② 来ます　　　　③ 行ます　　　　④ 聞ます

問題3 （　　　）に なにを いれますか。①・②・③・④から いちばん いい ものを ひとつ
えらんで ください。

3 図書館_{としょかん}（　　　）勉強_{べんきょう}を します。

① に　　　　② で　　　　③ へ　　　　④ と

4 友達_{ともだち}（　　　）行_いきます。

① に　　　　② で　　　　③ へ　　　　④ と

5 火曜日_{かようび}（　　　）試験_{しけん}が あります。

① に　　　　② で　　　　③ へ　　　　④ と

일본 문화 탐방

▶ **東京** 도쿄
　(とう きょう)

● 개요

　일본의 수도. 일본의 행정·문화·경제·교통 등의 중심지로 아시아·세계 주요 도시 중 하나이기도 하다. 도쿄를 중심으로 한 수도권은 자카르타, 서울, 델리를 넘는 세계 최대의 도시권을 구성하고 있다.

도쿄의 야경

● **三鷹の森ジブリ美術館**
　(み たか)(もり)(び じゅつかん)

미타카노모리 지브리 미술관

　스튜디오 지브리의 일본 애니메이션 작품을 전시하는 미술관. 이 박물관은 미술 박물관이지만, 일반적인 미술 박물관과는 성격이 다르다. 아이들의 취향에 맞춘 많은 전시물과 불규칙하고 기이한 내부 장식으로 아이들이 신나게 놀 수 있는 박물관이다.

　'모두 미아가 되자'라는 슬로건처럼 지정된 경로나 정해진 관람 순서가 없다. 박물관 팸플릿은 다양한 언어로 제공되지만, 박물관 내부에는 모든 표시가 일본어로만 표기되어 있다.

● **もんじゃ焼き** 몬자야키
　　　　(や)

　물로 녹인 밀가루 반죽을 철판에서 조리해 먹는 도쿄 지방의 대표적 요리. 이 요리가 발전하여 오코노미야키가 탄생했다는 말도 전해지지만 오코노미야키보다 수분이 많아 부드럽다. 가열하는 조리 과정을 즐기는 놀이 요소가 강하기 때문에 기본적으로 자신이 먹을 것은 스스로 조리한다.

　쓰키시마는 '몬자야키 마을'로 유명하여 많은 몬자야키 가게가 있고 관광객들이 많이 찾는 명소이기도 하다.

미타카노모리 지브리 미술관　　　　몬자야키의 조리 과정(왼쪽)과 완성된 모습(오른쪽)

▶ 大阪 _{おお さか} 오사카

● 개요

서일본의 중심지로서 가까운 교토, 고베와 더불어 대도시권을 형성하고 있다. 오사카시의 인구는 도쿄, 요코하마에 이어 제3위.

고대로부터 항구도시로 번창했으며 에도시대에는 수도 에도를 넘어 크게 발전함으로써 '천하의 부엌'이라는 별명까지 지어졌다.

'먹고 망함(먹는 데 재산을 탕진함)'의 도시라고도 할 만큼 음식문화도 잘 발달되어 있어 다양한 음식을 즐길 수 있다.

빌딩을 배경으로 서 있는 오사카성

오사카의 유명한 음식점

● アメリカ村 _{むら} 미국촌

니시싱사이바시(西心斎橋) 부근 삼각공원을 중심으로 한 지역을 가리킨다. 이곳에는 의류점을 중심으로 다양한 점포가 늘어서 있다. 1970년 무렵 서핑을 애호하던 젊은이들이 창고를 개조하여 미국에서 수입한 의류를 팔게 되면서 미국촌이라 불리기 시작했다.

2000년 무렵부터 방문객은 감소했지만 지금도 젊은이 문화의 발신지로서 '서쪽의 하라주쿠', '서쪽의 시부야'라고 불리기도 한다.

● たこ焼き _や 다코야키

일본 어디에서나 팔고 있는 밀가루 요리의 하나이지만 오사카의 다코야키는 표면이 부드럽고 속은 걸쭉하여 모양이 겨우 유지될 정도로 굽는 것이 특징이다. 하지만 점포도 많고 사람의 기호도 다양하기 때문에 '다코야키에는 정답이 없다'고 하는 것이 정답이라고 할 수 있다.

다코야키 굽는 모습(왼쪽)과 소스를 뿌리고 가쓰오부시를 얹은 모습(오른쪽)

コンピューター 컴퓨터

パソコン
PC

キーボード
키보드

マウス
마우스

クリック
클릭

デスクトップ
데스크탑, 바탕화면

ノートパソコン
노트북

タブレット
태블릿

ワード
MS-Word

エクセル
MS-Excel

入力
にゅうりょく
입력

スマートフォン*
스마트폰

アプリケーション**
애플리케이션

* 약칭-スマホ
** 약칭-アプリ

高校時代の 友達に 会いました。

고교 시절의 친구를 만났습니다.

point

01 【ます형】ました ～했습니다

【ます형】ませんでした ～하지 않았습니다

02 ～に 会う ～을/를 만나다

～に 乗る ～을/를 타다

Track 2-04-01

佐藤　昨日は 何をしましたか。

張　　高校時代の 友達に 会いました。佐藤さんは。

佐藤　私は 友達と お酒を 飲みました。

張　　日曜日は 何を しましたか。

佐藤　釜山で シティーバスに 乗りました。張さんは。

張　　私は どこへも 行きませんでした。

▶ **낱말과 표현**

昨日 어제 | 高校時代 고교 시절 | 友達に 会う 친구를 만나다 | お酒を 飲む 술을 마시다 | 釜山 부산 |
シティーバスに 乗る 시티버스를 타다 | どこへも 어디에도

48

01 【ます형】ました ~했습니다
【ます형】ませんでした ~하지 않았습니다

>> ます → ました ~했습니다

飲む 마시다 → 飲みます 마십니다 → 飲みました 마셨습니다

>> ません → ませんでした ~하지 않았습니다

飲みません 마시지 않습니다 → 飲みませんでした 마시지 않았습니다

| 예문 |

❶ カタカナを 覚えました。 가타카나를 외웠습니다.

❷ 車を 買いました。 자동차를 샀습니다.

❸ カフェで コーヒーを 飲みました。 카페에서 커피를 마셨습니다.

❹ お酒を 飲みませんでした。 술을 마시지 않았습니다.

❺ 日本語の 勉強を しませんでした。 일본어 공부를 하지 않았습니다.

❻ 佐藤さんと 一緒に 映画を 見ませんでした。
사토 씨와 같이 영화를 보지 않았습니다.

▶ **낱말과 표현**

覚える 외우다 | 勉強 공부 | 一緒に 같이

02 '～に 会う'와 '～に 乗る'

》 ～に 会う ～을/를 만나다

友達に 会う 친구를 만나다

》 ～に 乗る ～을/를 타다
タクシーに 乗る 택시를 타다

| 예문 |

❶ 久しぶりに 母に 会いました。 오랜만에 어머니를 만났습니다.

❷ 昨日は 友達に 会いませんでした。
어제는 친구를 만나지 않았습니다.

❸ 朝早く 電車に 乗りました。 아침 일찍 전철을 탔습니다.

❹ 昨日は バスに 乗りませんでした。
어제는 버스를 타지 않았습니다.

▶ **낱말과 표현**

タクシー 택시 | **久しぶりに** 오랜만에 | **朝早く** 아침 일찍 | **電車** 전철 | **バス** 버스

▶ 아래 예와 같이 문장을 완성해 봅시다.

예)

A 昨日は 日本語の 勉強を しましたか。 어제는 일본어 공부를 했습니까?

B <u>はい、 しました。</u> 네, 했습니다.

<u>いいえ、 しませんでした。</u> 아니요, 하지 않았습니다.

❶ **A** 週末は バイトを しましたか。

B はい、_____。

❷ **A** 金曜日は 夜遅く 家に 帰りましたか。

B いいえ、_____。

❸ **A** 誕生日に プレゼントを 買いましたか。

B はい、_____。

❹ **A** 日本で 新幹線に 乗りましたか。

B いいえ、_____。

▶ **낱말과 표현**

週末 주말 | **バイト** 아르바이트 | **夜遅く** 밤늦게 | **家** 집 | **帰る** 돌아가다/오다 | **誕生日** 생일 | **プレゼント** 선물 |
買う 사다 | **新幹線** 신칸센(일본의 고속철도)

▶ 주어진 질문에 예와 같이 대답해 봅시다.

① 昨日は 何を しましたか。 예) 一日中 ゲームを しました。

_____

② 土曜日は 何を しましたか。 예) 高校の 友達に 会いました。

_____

③ 夏休み/冬休みは 何を しましたか。 예) 北海道旅行を しました。

_____

④ 昨日は 何時に 寝ましたか。 예) 11時に 寝ました。

_____

⑤ 今日は 何時に 起きましたか。 예) 7時に 起きました。

_____

▶ 낱말과 표현

一日中 하루 종일 | ゲーム 게임 | 高校 고등학교 | 会う 만나다 | 夏休み 여름방학 | 冬休み 겨울방학 |
北海道 홋카이도 | 旅行 여행 | 寝る 자다 | 起きる 일어나다

▶ 한국어 해석을 참고하여 밑줄 친 부분에 적절한 단어를 넣어 연습해 봅시다.

A 昨日は 何を しましたか。

B _____。 _____さんは。

A 私は _____。

B 日曜日は 何を しましたか。

A _____。 _____さんは。

B 私は _____。

A 어제는 무엇을 했습니까?

B _____～했습니다. _____ 씨는?

A 저는 _____～했습니다.

B 일요일은 무엇을 했습니까?

A _____～했습니다. _____ 씨는?

B 저는 _____～했습니다/하지 않았습니다.

私_{わたし}の 誕生日_{たんじょうび}

 Track 2-04-02

家族_{かぞく}と 近_{ちか}くの バイキングレストランで 外食_{がいしょく}を しました。そこで 大好_{だいす}きな 寿司_{すし}と 刺身_{さしみ}を たくさん 食_たべました。おいしかったです。それから、カラオケへ 行_いきました。私_{わたし}は 歌_{うた}が 好_すきです。ずっと 歌_{うた}いました。母_{はは}も いろんな 曲_{きょく}を 歌_{うた}いました。父_{ちち}は あまり 歌_{うた}いませんでした。楽_{たの}しい 誕生日_{たんじょうび}でした。

쓰기 연습 ·· Writing

▶ [읽기 연습]을 참고로 하여 생일에 무엇을 했는지 써 봅시다

▶ **낱말과 표현**

家族_{かぞく} 가족 | 近_{ちか}く 근처 | **バイキングレストラン** 뷔페 레스토랑 | 外食_{がいしょく} 외식 | **する** 하다 | そこ 거기, 그곳 |
大好_{だいす}きだ 아주 좋아하다 | **寿司_{すし}** 초밥 | **刺身_{さしみ}** 회 | たくさん 많이 | 食_たべる 먹다 | おいしかったです 맛있었습니다 |
それから 그리고 | **カラオケ** 노래방 | 行_いく 가다 | **歌_{うた}** 노래 | ずっと 계속 | 歌_{うた}う (노래를) 부르다 |
いろんな 여러 가지 | **曲_{きょく}** 곡 | あまり 별로 | 楽_{たの}しい 즐겁다

問題1 ＿＿＿＿ の ことばは どう よみますか。①・②・③・④から いちばん いい ものを ひとつ えらんで ください。

1 カラオケで いろんな きょくを 歌います。

① うかいます　　② うさいます　　③ うたいます　　④ うないます

問題2 ＿＿＿＿ の ことばは どう かきますか。①・②・③・④から いちばん いい ものを ひとつ えらんで ください。

2 コーヒーを のみました。

① 飲みました　　② 欲みました　　③ 欽みました　　④ 炊みました

問題3 （　　　）に なにを いれますか。①・②・③・④から いちばん いい ものを ひとつ えらんで ください。

3 学校で 友達（　　　）会いました。

① を　　　　　② に　　　　　③ へ　　　　　④ で

4 きょうは 電車に （　　　）ます。

① の　　　　　② のい　　　　　③ のり　　　　　④ のる

問題4 つぎの ことばの つかいかたで いちばん いい ものを ①・②・③・④から ひとつ えらんで ください。

5 帰る

① きのうは 本を 帰りました。

② きのうは 部屋で 帰りました。

③ きのうは バスに 帰りませんでした。

④ きのうは うちへ 帰りませんでした。

일본 문화 탐방

▶ 京都^{きょうと} 교토

● 개요

794년 수도로 지정된 헤이안쿄를 중심으로 한 도시이다. 일본 정치의 중심지로서 오랜 역사 속에서 큰 역할을 맡아왔다. 지금도 신사·절·사적·오래된 건축물 등이 많이 남아 있으며, 다양한 행사나 축제로 국내·외 관광객을 매혹하는 일본을 대표하는 도시 중 하나로 꼽는다.

한국의 경주와 자주 비교되는 도시로서 인구도 일본 도시 중 9위에 이른다. 현대화도 잘 진행되어 오래된 것과 새로운 것이 조화를 이루는 매력적인 도시이다.

교토의 금각사

교토의 기요미즈절

● 伏見稲荷大社^{ふしみいなりたいしゃ} 후시미이나리 대사

일본에는 많은 신사가 있지만 그 중에서도 '이나리 신사'라고 불리는 신사가 전국에 30,000개 이상이나 있다. 그 총본산이 교토의 후시미이나리 대사이다.

천 개가 넘는 센본 도리이*가 만들어내는 광경은 매우 압도적이며 입장료 또한 무료라서 더욱 매력적이다.

교토에는 세계문화유산으로 등록되어 있는 금각사나 기요미즈데라와 같은 명소도 많은데, 후시미이나리 대사도 국내외 관광객으로부터 찬사를 받는 명소로 유명하다.

● 天下一品ラーメン^{てんかいっぴん} 덴카잇삔 라면

교토를 본거지로 하는 라면 체인점. 전국에 200개 이상의 점포가 있다. 수프는 기본적으로 '진한 맛'과 '시원한 맛' 두 종류가 있다. 제조 방법은 비밀로 지켜지는데, 고래 기름이나 소의 기름을 쓴다는 소문이 있으나 진실은 알 수 없다. '라면과는 다른 요리, 라면을 넘은 라면'이라고 표현될 정도로 맛있다고 한다.

*도리이…전통적인 일본의 문으로 일반적으로 신사의 입구에서 볼 수 있다.

▶ 札幌 (さっぽろ) 삿포로

● 개요

홋카이도 최대의 도시이자 전국에서도 나고야 다음으로 큰 제5위의 도시이다.

홋카이도는 1800년 후반부터 개척 사업이 시작되었다. 원주민은 아이누 족이다. 아직도 홋카이도 각지에는 아이누 문화가 많이 남아 있으며, 이 '삿포로'라는 지명도 아이누어에서 유래되었다고 한다.

북방에 위치하기 때문에 다른 일본 도시와는 기후가 매우 다르다. 하기에는 장마가 없고 동기에는 추위가 심하다. 겨울 평균 강설량은 약 5m 정도나 된다.

● 札幌雪祭り (さっぽろゆきまつ) 삿포로 눈 축제

매년 2월 초 삿포로의 오도리 공원을 비롯한 여러 곳에서 개최되는 눈과 얼음의 축제. 눈으로 만들어진 작품이 많이 전시되지만 얼음으로 만들어진 작품도 볼거리이다.

매년 200만 명 이상의 관광객이 방문하므로 입지가 좋은 숙소에 머물고 싶다면 서둘러 예약할 필요가 있다.

● ジンギスカン 징기스칸

양고기를 구운 요리. 징기스칸나베라고 불리는 독특한 냄비를 가열하여 얇게 썰어 놓은 양고기를 구워 거기서 나온 육즙으로 야채를 조리해 먹는다.

몽고 제국을 이끈 징기스칸이 원정 중에 먹은 것으로 알려져 있지만 실제 몽고요리와는 조금 다르다. 중국에서 들어온 양고기 구이 요리가 일본풍으로 바뀌고 그것이 지금의 징기스칸요리가 되었다고 보면 된다.

▶ 징기스칸

삿포로 눈 축제   오도리 공원의 여름(위)과 겨울(아래)

インターネット 인터넷[*]

ウェブブラウザ
웹 브라우저

ログアウト
로그아웃

ログイン
로그인

検索エンジン
검색 엔진

ポータルサイト
포털 사이트

ホームページ
홈페이지

ブログ
블로그

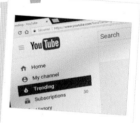
ユーチューブ
유튜브

ツイッター
트위터

フェイスブック
페이스북

ダウンロード
다운로드

インストール
인스톨―설치

[*] 약칭 - ネット

一緒に 見に 行きましょう。

いっしょ / み / い

같이 보러 갑시다.

point

 Track 2-05-01

山田　ハンさん、日曜日、何か 予定が ありますか。

韓　　特に 予定は ありません。

山田　じゃ、一緒に 映画を 見に 行きませんか。

韓　　いいですね。何を 見ましょうか。

山田　日本の 映画を 見ましょう。

韓　　いいですね。
　　　10時に 新宿駅の 東口で 会いましょう。

▶ **낱말과 표현**

何か 뭔가 ｜ **予定** 예정 ｜ **特に** 특별히 ｜ **じゃ** 그럼 ｜ **一緒に** 같이 ｜ **見に 行きませんか** 보러 가지 않겠습니까? ｜
いいですね 좋네요 ｜ **見ましょうか** 볼까요? ｜ **見ましょう** 봅시다 ｜ **新宿** 신주쿠(도쿄의 중심. 도청이 있음) ｜ **駅** 역 ｜
東口 동쪽 출구 ｜ **会いましょう** 만납시다

01 권유 표현

» 【ます형】 ましょう ~합시다

　　　行く → 行きましょう 갑시다

» 【ます형】 ましょうか ~할까요?

　　　行く → 行きましょうか 갈까요?

» 【ます형】 ませんか ~하지 않겠습니까?

　　　行く → 行きませんか 가지 않겠습니까?

| 예문 |

❶ 学食で 会いましょう。

학생 식당에서 만납시다.

❷ 昼ごはんは 何を 食べましょうか。

점심은 무엇을 먹을까요?

❸ 一緒に コーヒーを 飲みませんか。

같이 커피를 마시지 않겠습니까?

▶ 낱말과 표현

学食 학생 식당 | 昼ごはん 점심밥 | 食べる 먹다 | 飲む 마시다

02 　【ます형】に ~하러

>> 見る(보다) → 見ます(봅니다)) → 見に(보러)

映画を 見に 行きます。 영화를 보러 갑니다.

>> する(하다) → します(합니다) → しに(하러)

韓国語を 勉強しに 来ました。 한국어를 공부하러 왔습니다

❶ 図書館へ 本を 読みに 行きました。
　도서관에 책을 읽으러 갔습니다.

❷ 週末は 海へ 遊びに 行きます。
　주말은 바다에 놀러 갈 겁니다.

❸ 寮へ ごはんを 食べに 帰りました。
　기숙사에 밥을 먹으러 돌아갔습니다.

❹ 釜山へ 韓国語を 習いに 来ました。
　부산에 한국어를 배우러 왔습니다.

▶ 낱말과 표현

読む 읽다 | 遊ぶ 놀다 | 寮 기숙사 | ごはん 밥 | 習う 배우다

▶ 아래 예와 같이 문장을 완성해 봅시다.

예)

> 映画を 見る
> 何
> 日本の 映画

A 映画を 見ませんか。 영화를 보지 않겠습니까?

B いいですね。映画を 見ましょう。 좋네요. 영화를 봅시다.

A 何を 見ましょうか。 무엇을 볼까요?

B 日本の 映画を 見ましょう。 일본 영화를 봅시다.

❶

> お酒を 飲む
> 何
> ビール

A _____

B いいですね。_____

A _____

B _____

❷

> テニスを する
> どこ
> 学校

A _____

B いいですね。_____

A _____

B _____

❸

> 遊びに 行く
> どこ
> 海雲台

A _____

B いいですね。_____

A _____

B _____

▶ **낱말과 표현**

お酒 술 | ビール 맥주 | テニス 테니스 | 海雲台 해운대

▶ 주어진 질문에 예와 같이 대답해 봅시다.

① 授業の 後、食事を しませんか。

예) はい、食事を しましょう。／ すみません。予定が あります。

_____

② 土曜日に 山へ 行きませんか。

예) はい、行きましょう。／ 土曜日は ちょっと。

_____

③ 明日、日本語の 勉強を しませんか。

예) はい、勉強を しましょう。／ 明日は ちょっと。

_____

④-1 昨日は どこへ 行きましたか。

예) 海へ 行きました。

_____

④-2 何を しに 行きましたか。

예) 泳ぎに 行きました。

_____

▶ **낱말과 표현**

授業 수업 ｜ 後 후 ｜ 食事 식사 ｜ すみません 미안합니다 ｜ 山 산 ｜ ちょっと 좀 ｜ 勉強 공부 ｜ 海 바다 ｜ 泳ぐ 수영하다

▶ 한국어 해석을 참고하여 밑줄 친 부분에 적절한 단어를 넣어 연습해 봅시다.

A ＿＿＿さん、日曜日、何か 予定が ありますか。

B 特に 予定は ありません。

A じゃ、一緒に ＿＿＿＿＿＿＿＿＿ 行きませんか。

B いいですね。＿＿＿＿＿＿＿＿＿＿。

A ＿＿＿＿＿＿＿＿＿＿＿。

B いいですね。＿＿＿時に ＿＿＿＿で 会いましょう。

A ＿＿＿＿ 씨, 일요일에 뭔가 예정이 있습니까?

B 특별히 예정은 없습니다.

A 그러면 같이 ＿＿＿＿～하러 가지 않겠습니까?

B 좋네요. ＿＿＿＿～할까요?

A ＿＿＿＿～합시다.

B 좋네요. ＿＿＿시에 ＿＿＿에서 만납시다.

日本で する こと

私は 来年の 4月に ワーキングホリデーで 東京へ 行きます。

私の 計画では 勉強も しますが、旅行も します。

京都や 北海道、富士山など、いろんな ところへ 遊びに 行きます。

また、コンビニや レストランで アルバイトも します。

とにかく いろんな 経験を します。

쓰기 연습 .... Writing

▶ [읽기 연습]을 참고로 하여 외국에 갈 계획을 만들어 봅시다.

▶ **낱말과 표현**

こと 일 | 来年 내년 | ワーキングホリデー 워킹 홀리데이 | 東京 도쿄 | 計画 계획 | ~が ~지만 | 旅行 여행 |
京都 교토 | 北海道 홋카이도 | 富士山 후지산(일본에서 가장 높은 산) | など 등 | いろんな 여러 | ところ 곳 | また 또 |
コンビニ 편의점 | レストラン 레스토랑 | アルバイト 아르바이트 | とにかく 어쨌든 | 経験 경험

問題1 つぎの ことばの つかいかたで いちばん いい ものを ①・②・③・④から ひとつ えらんで ください。

1 行_いきませんか

① きのうは どこへ 行きませんか。　② あした、どこへ 行きませんか。

③ きのうは 海へ 行きませんか。　④ あした、海へ 行きませんか。

問題2 (　　　)に なにを いれますか。①・②・③・④から いちばん いい ものを ひとつ えらんで ください。

2 新宿_{しんじゅく}へ (　　　) 行_いきます。

① 遊_{あそ}ばに　② 遊_{あそ}びに　③ 遊_{あそ}ぶに　④ 遊_{あそ}べに

3 レストランへ ステーキを (　　　) 行_いきました。

① 食_たべに　② 食_たべりに　③ 食_たべるに　④ 食_たべれに

4 一緒_{いっしょ}に コーヒーを (　　　)。

① 飲_のみですか　② 飲_のむですか　③ 飲_のみませんか　④ 飲_のむませんか

5 何時_{なんじ}に どこで (　　　)。

① 会_あいませんよ　② 会_あいましょうよ ③ 会_あいませんか　④ 会_あいましょうか

일본 문화 탐방

▶ 福岡 후쿠오카
ふくおか

● 개요

서일본에서 오사카 다음으로 큰 도시이자 규슈 최대의 도시이기도 하다. 특히 하카타라고 불리는 중심부는 하카타만과 접하고 있어 예부터 대륙으로 통하는 관문으로 이용되어 왔다. 한국 부산에서 가장 가까운 도시로 양국의 교류도 성행해 왔다.

나카스, 텐진, 하카타 등지에서 밤에만 볼 수 있는 포장마차 수는 일본에서 가장 많으며 그것을 보고 즐기기 위해 방문하는 관광객도 적지 않다고 한다.

후쿠오카 타워가 보이는 해안 정경

후쿠오카 돔 구장

● キャナルシティ博多 커낼시티 하카타
はかた

번화가에 위치한 복합 상업 시설로 오피스, 호텔, 쇼핑몰, 아뮤즈먼트 시설, 영화관 등을 포함한 7개의 건물로 구성되어 있다. 커낼이 영어로 운하를 의미하듯 지하 1층에는 인공 운하가 흐르고 있다.

거의 매일 매직 쇼나 음악 공연 등 다양한 행사를 볼 수 있어 하루 종일 있어도 지루하지 않다.

● 博多ラーメン 하카타 라면
はかた

수프는 돼지 뼈를 사용한다. 돼지 뼈를 센불로 끓이기 때문에 뼈의 젤라틴이 녹아 탁한 유백색의 수프가 된다. 면은 아주 가늘며 면의 삶는 정도를 선택할 수 있다는 특징이 있다. 또한 면 리필이 가능하기 때문에 더욱 유명해졌다.

하카타를 중심으로 한 번화가에서는 심야 영업이나 24시간 영업 점포가 있으며 특히 이곳 회사원들은 연회나 회식의 마무리로 라면집에 많이 가는 것으로 유명하다.

▶ 横浜 _{よこはま} 요코하마

● 개요

일본 제2의 도시. 19세기 후반 개항 후 일본의 외국 무역 중심지로서 발전해 왔다.

도쿄에서 가까우면서도 바다를 끼고 많은 관광명소가 들어서 있어 국내외에서 많은 관광객과 데이트객들이 방문한다.

● 新横浜ラーメン博物館 _{しんよこはま} _{はくぶつかん}

신요코하마 라면 박물관

'전국 각지의 라면을 비행기를 타지 않고 먹으러 갈 수 있다'라는 컨셉으로 지어진 곳이다. 항상 열 개 이상의 라면집이 입점되어 있고 입장료를 내고 들어가면 전국 각지의 다양한 라면 문화를 즐길 수 있다.

전국 각지에 산재하는 푸드테마파크의 선구지로서 1993년 창립 이후 항상 높은 인기를 자랑하고 있다.

● 肉まん _{にく} 돼지 만두

요코하마에는 일본 최대의 중화거리가 있다. 그곳에서 제일 유명한 음식 중 하나가 바로 돼지 만두이다. 돼지 만두는 아주 흔한 요리로서 일본 내 어디서든 먹을 수 있지만 요코하마 중화거리에서 판매되는 돼지 만두는 격이 다르다고 한다.

돼지 만두를 파는 가게 앞 모습

중화 거리에는 많은 점포가 늘어서 있지만 조금씩 맛이 다르고 특색이 있다. 가게들을 돌며 비교해 보는 것도 좋은 관광이 될 수 있다.

◀ 라면 박물관

スイーツ 스위츠

チーズケーキ
치즈케이크

パンケーキ
팬케이크

カステラ
카스텔라

アイスクリーム
아이스크림

ソフトクリーム
소프트아이스크림

パフェ
파르페

クレープ
크레이프

プリン
푸딩

チョコレート
초콜릿

和菓子
화과자―일본 전통 과자

餅
떡

まんじゅう*
만주

* '和菓子'의 하나로 밀가루나 쌀 등의 반죽에 팥소를 넣고 찌거나 구운 과자.

旅行に 行きたいです。
りょこう　い

여행을 가고 싶습니다.

point

01 【동사 기본형】こと　~하는 것

02 【ます형】たい　~하고 싶다

Track 2-06-01

山口　ファンさんの 趣味は 何ですか。

黄　　写真を 撮ることです。

　　　カメラの 学校に 1年 通いました。

山口　いいですね。

　　　私も きれいな 写真を 撮りたいです。

黄　　山口さんの 趣味は 何ですか。

山口　旅行です。先月も アメリカに 行きました。

黄　　いいですね。私も 旅行に 行きたいです。

▶ **낱말과 표현**

趣味 취미 | **写真を 撮る** 사진을 찍다 | **通う** 다니다 | **旅行** 여행

72

01   【동사 기본형】 **こと** ~하는 것

» ピアノを 弾く こと 피아노를 치는 것

趣味は ピアノを 弾く ことです。 취미는 피아노를 치는 것입니다.

» 見る こと 보는 것

私は 映画を 見る ことが 好きです。 저는 영화를 보는 것을 좋아합니다.

| 예문 |

❶ 私の 趣味は 野球を する ことです。

저의 취미는 야구를 하는 것입니다.

❷ 私の 趣味は 日本語で 話す ことです。

저의 취미는 일본어로 이야기하는 것입니다.

❸ 山に 登る ことが 好きです。

산에 오르는 것을 좋아합니다.

❹ 料理を する ことは 嫌いです。

요리를 하는 것은 싫어합니다.

▶ **낱말과 표현**

ピアノ 피아노 | 弾く 치다 | 好きだ 좋아하다 | 野球 야구 | 山に 登る 산에 오르다 | 料理 요리 | 嫌いだ 싫어하다

02　【ます형】たい　～하고 싶다

» 行く 가다 → 行きたい 가고 싶다

学校に 行きたいです。 학교에 가고 싶습니다

» 寝る 자다 → 寝たい 자고 싶다

早く 寝たい 일찍 자고 싶다.

» する 하다 → したい 하고 싶다

デートが したいです。 데이트를 하고 싶습니다.

| 예문 |

❶ タクシーに 乗りたいです。
　 택시를 타고 싶습니다.

❷ アメリカの 映画が 見たいです。
　 미국 영화를 보고 싶습니다.

❸ 今日は 家に 帰りたく ありません。
　 오늘은 집에 돌아가고 싶지 않습니다.

❹ 日本の 大学に 通いたいです。
　 일본 대학교에 다니고 싶습니다.

Tip

단순한 문장인 경우 '～たい' 앞의 'を'가 'が'로 바뀔 경우가 많습니다.

水を 飲む 물을 마시다
→ 水が 飲みたい
　 물을 마시고 싶다.

野菜を 食べる 야채를 먹다
→ 野菜が 食べたい。
　 야채를 먹고 싶다.

Tip

'가지고 싶다'를 일본어 표현할 때는 い형용사 'ほしい'를 사용합니다.
즉 '일본어 책을 갖고 싶습니다'는 '日本語の 本が ほしいです'가 됩니다.

▶ **낱말과 표현**

早く 빨리 | デート 데이트 | 野菜 야채 | タクシー 택시 | 乗る 타다 | 帰る 돌아가다

▶ 아래 예와 같이 문장을 완성해 봅시다.

예)

A 趣味<small>しゅみ</small>は 何<small>なん</small>ですか。 취미는 무엇입니까?

B 絵<small>え</small>を 描<small>か</small>く ことです。

그림을 그리는 것입니다.

❶ A 趣味<small>しゅみ</small>は 何<small>なん</small>ですか。

B _____ 。

❷ A 趣味<small>しゅみ</small>は 何<small>なん</small>ですか。

B _____ 。

❸  A 趣味<small>しゅみ</small>は 何<small>なん</small>ですか。

B _____ 。

❹  A 趣味<small>しゅみ</small>は 何<small>なん</small>ですか。

B _____ 。

❺  A 趣味<small>しゅみ</small>は 何<small>なん</small>ですか。

B _____ 。

▶ **낱말과 표현**

絵<small>え</small> 그림 | 描<small>か</small>く 그리다 | ゲーム 게임 | 音楽<small>おんがく</small> 음악 | 聞<small>き</small>く 듣다 | 本<small>ほん</small> 책 | 読<small>よ</small>む 읽다 | 歌<small>うた</small>を 歌<small>うた</small>う 노래를 부르다

▶ 아래 예와 같이 문장을 완성해 봅시다.

예)

무엇을 하고 싶습니까?

A 何が したいですか 。

B ごはんが 食べたいです 。

① 어디에 가고 싶습니까?

A _____

B _____

② 무엇을 먹고 싶습니까?

A _____

B _____

③ 무엇을 하고 싶습니까?

A _____

B _____

④ 무엇을 마시고 싶습니까?

A _____

B _____

▶ 낱말과 표현

ごはん 밥 | アメリカ 미국 | 泳ぐ 수영하다 | お茶 차

▶ 주어진 질문에 예와 같이 대답해 봅시다.

① ＿＿＿＿さんの 趣味は 何ですか。

예) 映画を 見る ことです。

＿＿＿＿＿＿＿＿＿＿＿＿＿＿＿＿＿＿＿＿＿＿

② 今 何が したいですか。

예) 家に 帰りたいです。 / 何も したく ないです。

＿＿＿＿＿＿＿＿＿＿＿＿＿＿＿＿＿＿＿＿＿＿

③ 週末は 何を したいですか

예) 友達と 遊びに 行きたいです。

＿＿＿＿＿＿＿＿＿＿＿＿＿＿＿＿＿＿＿＿＿＿

④ 夏休み/冬休みは 何を したいですか。

예) プールで 泳ぎたいです。

＿＿＿＿＿＿＿＿＿＿＿＿＿＿＿＿＿＿＿＿＿＿

▶ **낱말과 표현**

週末 주말 | **夏休み** 여름방학 | **冬休み** 겨울방학 | **プール** 수영장

▶ 한국어 해석을 참고하여 밑줄 친 부분에 적절한 단어를 넣어 연습해 봅시다.

A ＿＿＿＿さんの 趣味は 何ですか。

B ＿＿＿＿＿＿＿＿＿＿＿＿です。

A いいですね。私も ＿＿＿＿＿＿＿＿＿＿＿＿たいです。

B ＿＿＿＿さんの 趣味は 何ですか。

A ＿＿＿＿＿＿＿＿＿＿＿＿です。

B いいですね。私も ＿＿＿＿＿＿＿＿＿＿＿＿たいです。

A ＿＿＿＿ 씨의 취미는 무엇입니까?

B ＿＿＿＿＿＿＿＿＿＿＿입니다.

A 좋네요. 저도 ＿＿＿＿＿＿＿＿＿＿＿싶습니다.

B ＿＿＿＿＿＿＿ 씨의 취미는 뭐예요?

A ＿＿＿＿＿＿＿＿＿＿＿입니다.

B 좋네요. 저도 ＿＿＿＿＿＿＿＿＿＿＿ 싶습니다.

 Track 2-06-02

私の 趣味

私は 趣味が 三つ あります。

一つ目は 本を 読む ことです。毎日 寝る 前に ３０分くらい 本を 読みます。

小説、エッセイ、何でも 読みます。次は 日本語の 本も 読みたいです。

二つ目は ジョギングです。一週間に ３回くらい 家の 近くを １時間くらい 走ります。今年は マラソン大会に 出たいです。

三つ目は 映画を 見る ことです。古い 外国の 映画を よく 見ます。忙しいですが、一週間に １回は 映画を 見たいです

▶ [읽기 연습]을 참고로 자신의 취미에 대해 써 봅시다.

_____

_____

_____

_____

▶ **낱말과 표현**

~目 ~번째 | 読む 읽다 | 毎日 매일 | 前 전 | ~くらい ~정도 | 小説 소설 | エッセイ 수필 | 何でも 뭐든지 |
次 다음 | ジョギング 조깅 | 一週間 일주일 | ~回 ~번 | 近く 가까이 | 走る 달리다 | 今年 올해 | マラソン 마라톤 |
大会 대회 | 出る 나가다 | 古い 오래되다 | 外国 외국 | 忙しい 바쁘다

問題 1 （　　　）に なにを いれますか。①・②・③・④から いちばん いい ものを ひとつ えらんで ください。

1 私の 趣味は 映画を （　　　）です。

① 見るの　　　　② 見る こと　　　③ 見る もの　　　④ 見るの こと

2 からい 料理が （　　　）。

① 食べます　　　② 食べません　　③ 食べたいです　　④ 食べましょう

3 私の 日課は 毎朝 家の そうじを （　　　） ことです。

① し　　　　　　② す　　　　　　③ しる　　　　　④ する

問題 2 ＿＿＿＿＿の ぶんと だいたい おなじ いみの ぶんが あります。①・②・③・④から いちばん いい ものを ひとつ えらんで ください。

4 新しい 靴が ほしいです。

① 新しい 靴が 買いたいです。

② 新しい 靴が 売りたいです。

③ 新しい 靴が 作りたいです。

④ 新しい 靴が 見たいです。

問題3 ___★___ に はいる ものは どれですか。①・②・③・④から いちばん いい ものを
ひとつ えらんで ください。

5 今日は ＿＿＿＿ ＿＿＿＿ ＿★＿ ＿＿＿＿。

① 帰りたく　　② うちへ　　　③ ありません　　④ あまり

 感情 감정

嬉しい
기쁘다

楽しい
즐겁다

面白い
재미있다

悲しい
슬프다

寂しい
외롭다

怖い
무섭다

感動する
감동하다

興奮する
흥분하다

心配する
걱정하다

腹が立つ
짜증이 나다

ドキドキする
두근거리다

ワクワクする
설레다

家に 帰って 寝ます。

집에 돌아가서 잘 겁니다.

point

Track 2-07-01

松本 シンさん、昨日 何を しましたか。

申 西面に 行って 映画を 見ました。松本さんは。

松本 私は 友達に 会って おいしい ものを 食べました。

申 いいですね。今日は 何を しますか。

松本 家に 帰って 寝ます。シンさんは。

申 図書館に 行って 勉強します。

▶ **낱말과 표현**

昨日 어제｜行く 가다｜映画 영화｜見る 보다｜友達 친구｜会う 만나다｜おいしい 맛있다｜食べる 먹다｜今日 오늘｜
家 집｜帰る 돌아가다/오다｜寝る 자다｜図書館 도서관｜勉強 공부

학습 포인트 ························· Grammar

01 동사 て형 활용

3그룹 동사	불규칙 활용 する → して、　くる → きて
2그룹 동사	る를 떼고 て를 붙인다. みる → みて、　たべる → たべて
1그룹 동사	끝의 글자에 따라 활용이 바뀐다. う・つ・る　→　って　　かう → かって ぬ・む・ぶ　→　んで　　のむ → のんで く　　　　　→　いて　　きく → きいて ぐ　　　　　→　いで　　ぬぐ → ぬいで す　　　　　→　して　　はなす → はなして 【예외】いく → いって

| 확인하기 |

기본형	뜻	그룹	て형	기본형	뜻	그룹	て형
読む	읽다	1		来る	오다	3	
寝る	자다	2		行く	가다	1	
勉強する	공부하다	3		話す	이야기하다	1	
作る	만들다	1		遊ぶ	놀다	1	
帰る	돌아가다	1		教える	가르치다	2	

02 【て형】 ~하고/~해서

» する 하다 → して 하고/해서 / 来る 오다 → 来て 오고/와서

» 見る 보다 → 見て 보고/봐서 / 寝る 자다 → 寝て 자고/자서

» 乗る 타다 → 乗って 타고/타서 / 帰る 돌아가다 → 帰って 돌아가고/가서

| 예문 |

❶ 友達に 会って 話しました。

친구를 만나서 이야기했습니다.

❷ 明日、レポートを 書いて 先生に 出します。

내일 리포트를 쓰고 선생님에게 낼 겁니다.

❸ 図書館に 行って 本を 読みましょう。

도서관에 가서 책을 읽읍시다.

❹ 電車に 乗って 友達の 家へ 行きます。

전철을 타고 친구 집으로 갑니다.

❺ 学校に 来て ごはんを 食べて コーヒーを 飲んで 勉強しました。

학교에 와서 밥을 먹고 커피를 마시고 공부했습니다.

▶ 낱말과 표현

乗る 타다 | 話す 이야기하다 | レポート 리포트 | 出す 내다 | 電車 전철

て형 활용 연습

기본형	뜻	그룹	て형
買う	사다		
使う	사용하다		
待つ	기다리다		
持つ	가지다		
乗る	타다		
走る	달리다		
帰る	돌아가다, 돌아오다		
死ぬ	죽다		
住む	살다		
休む	쉬다		
遊ぶ	놀다		
働く	일하다		
聞く	듣다		
脱ぐ	벗다		
行く	가다		
話す	이야기하다		
教える	가르치다		
寝る	자다		
着る	입다		
食べる	먹다		
する	하다		
来る	오다		

て형 활용 연습(정답)

기본형	뜻	그룹	て형
買う	사다	1	買って
使う	사용하다	1	使って
待つ	기다리다	1	待って
持つ	가지다	1	持って
乗る	타다	1	乗って
走る	달리다	1	走って *예외 1그룹
帰る	돌아가다, 돌아오다	1	帰って *예외 1그룹
死ぬ	죽다	1	死んで
住む	살다	1	住んで
休む	쉬다	1	休んで
遊ぶ	놀다	1	遊んで
働く	일하다	1	働いて
聞く	듣다	1	聞いて
脱ぐ	벗다	1	脱いで
行く	가다	1	行って
話す	이야기하다	1	話して
教える	가르치다	2	教えて
寝る	자다	2	寝て
着る	입다	2	着て
食べる	먹다	2	食べて
する	하다	3	して
来る	오다	3	来て

▶ 아래 예와 같이 문장을 완성해 봅시다.

예)

友達_{ともだち}に 会_あう
コーヒーを 飲_のむ
カラオケに 行_いく

A 昨日_{きのう}は 何_{なに}を しましたか。 어제는 무엇을 했습니까?

B 友達_{ともだち}に 会_あって、 コーヒーを 飲_のんで、

カラオケに 行_いきました。

친구를 만나 커피를 마시고 노래방에 갔습니다.

❶
電車_{でんしゃ}に 乗_のる
空港_{くうこう}に 行_いく
アルバイトを する

A 今日_{きょう}は 何_{なに}を しますか。

B ＿＿＿＿＿＿＿＿＿＿＿＿＿＿＿＿＿

＿＿＿＿＿＿＿＿＿＿＿＿＿＿＿＿＿

❷
映画_{えいが}を 見_みる
食事_{しょくじ}を する
家_{いえ}に 帰_{かえ}る

A 昨日_{きのう}の 夜_{よる}は 何_{なに}を しましたか。

B ＿＿＿＿＿＿＿＿＿＿＿＿＿＿＿＿＿

＿＿＿＿＿＿＿＿＿＿＿＿＿＿＿＿＿

❸
朝_{あさ}、 起_おきる
顔_{かお}を 洗_{あら}う
服_{ふく}を 着_きる

A 毎朝_{まいあさ}、 何_{なに}を しますか。

B ＿＿＿＿＿＿＿＿＿＿＿＿＿＿＿＿＿

＿＿＿＿＿＿＿＿＿＿＿＿＿＿＿＿＿

▶ 낱말과 표현

カラオケ 노래방 │ **空港_{くうこう}** 공항 │ **アルバイト** 아르바이트 │ **食事_{しょくじ}** 식사 │ **毎朝_{まいあさ}** 매일 아침 │ **顔_{かお}** 얼굴 │ **洗_{あら}う** 씻다 │ **服_{ふく}** 옷 │
着_きる 입다

▶ 주어진 질문에 예와 같이 대답해 봅시다.

① 昨日は 何を しましたか。(て형을 사용할 것)

예) 家に 帰って ゲームを しました。

_____

② 今日は 何を しますか。(て형을 사용할 것)

예) 友達に 会って 一緒に 遊びます。

_____

③ いつも 週末は 何を しますか。(て형을 사용할 것)

예) 図書館へ 行って 本を 読みます。

_____

④ どうやって 学校へ 来ますか。(て형을 사용할 것)

예) バスに 乗って 学校へ 来ます。

_____

▶ 낱말과 표현

いつも 평소, 항상 | 週末 주말 | どうやって 어떻게

▶ 한국어 해석을 참고하여 밑줄 친 부분에 적절한 단어를 넣어 연습해 봅시다.

A ＿＿＿＿＿＿さん、昨日 何を しましたか。

B ＿＿＿＿＿に 行って(帰って)、＿＿＿＿＿＿＿ました。

＿＿＿＿＿＿＿さんは。

A 私は ＿＿＿＿＿＿て(で)、＿＿＿＿＿ました 。

B いいですね。今日は 何を しますか。

A ＿＿＿＿に 行って(帰って)、＿＿＿＿＿ます。

＿＿＿＿さんは。

B ＿＿＿＿＿て(で)、＿＿＿＿＿＿ます。

A ＿＿＿＿＿ 씨, 어제 무엇을 했습니까?

B ＿＿＿＿＿에 가서(돌아와서) ＿＿＿＿＿～했습니다. ＿＿＿＿＿ 씨는요?.

A 저는 ＿＿＿＿＿하고 ＿＿＿＿＿＿＿～했습니다.

B 좋겠네요. 오늘은 무엇을 할 겁니까?

A ＿＿＿＿＿에 가서 ＿＿＿＿＿～할 겁니다. ＿＿＿＿＿ 씨는요?.

B ＿＿＿＿＿에 가서 ＿＿＿＿＿～할 겁니다.

읽기 연습 ·········· Reading

朝 起きて……

今日は 朝 起きて 運動を しました。家の 近くを 1時間くらい 歩きました。家に 帰って 朝ごはんを 食べました。卵と ソーセージを 焼いて 食べました。おいしかったです。それから バスに 乗って 学校に 来ました。

쓰기 연습 ·········· Writing

▶ [읽기 연습]을 참고하여 오늘 아침에 무엇을 했는지 써 봅시다.

▶ **낱말과 표현**

運動 운동 | 起きる 일어나다 | 近く 근처 | 歩く 걷다 | 卵 달걀 | ソーセージ 소시지 | 焼く 굽다 |
おいしかった 맛있었다 | バス 버스

問題1 _____ の ことばは どう よみますか。①・②・③・④から いちばん いい ものを
ひとつ えらんで ください。

1 わたしは いつも 歩いて、がっこうに いきます。

① はいて   ② あるいて   ③ たたいて   ④ はたらいて

2 きのうは ともだちに 会って、よるまで あそびました。

① あって   ② かって   ③ たって   ④ まって

問題2 （   ）に なにを いれますか。①・②・③・④から いちばん いい ものを ひとつ
えらんで ください。

3 昼ごはんは 自分で （   ） 食べます。

① 作りて   ② 作るて   ③ 作って   ④ 作んで

4 毎日 （   ） 会社へ いきます。

① 運転すて   ② 運転しんで   ③ 運転しって   ④ 運転して

問題3 ___★___ に はいる ものは どれですか。①・②・③・④から いちばん いい ものを
ひとつ えらんで ください。

5 きのうは _____ _____ __★__ _____ かりました。

① 行って   ② 本を   ③ 図書館へ   ④ 学校の

일본 문화 탐방

▶ 沖縄 오키나와
<small>おきなわ</small>

● 개요

일본 남서부에 위치한 섬. 1년 내내 따뜻한 기후로 4월에도 바다에서 수영을 즐길 수 있다. 바다의 푸른 투명도와 색감은 아시아에서도 손꼽힐 만하다.

역사적 지리적 배경으로 하여 기타 일본 지역과는 다른 독특한 문화를 간직하고 있다. 일본 내 국민뿐만 아니라 외국에서도 많은 관광객이 방문한다.

코끼리 형상을 한 오키나와의 해안 절경

류큐 왕국의 왕이 살았던 슈리성

● 美ら海水族館 추라우미 수족관
<small>ちゅ うみすいぞくかん</small>

추라우미란 오키나와 말로 '맑은 바다'라는 뜻이다. 이 수족관에서는 그 이름대로 맑은 바다의 아름다움을 느낄 수 있다. 특히 '구로시오의 바다'라 불리는 수조는 세계에서도 큰 크기를 자랑하며 상어나 가오리 같은 큰 해양생물이 헤엄치는 모습을 마음껏 즐길 수 있다.

● 沖縄そば 오키나와 소바
<small>おきなわ</small>

보통 '소바'는 메밀가루로 만들지만 오키나와 소바는 밀가루로 만든 면을 사용한다. 국물을 내는 재료는 돼지 뼈와 가쓰오부시를 사용하기 때문에 맑으며, 면 이외에 고기나 파, 어묵 등이 들어간다.

또 '소키 소바'라고 하는 소바는 국물을 내는 재료나 면은 오키나와 소바와 같지만 안에 소키(뼈 있는 고기)가 들어 가는 특징이 있다.

▶ 仙台 _{せんだい} 센다이

● 개요

도쿄에서 북동쪽으로 350km 떨어진 북쪽 최대의 지방도시이다.

번화가에는 고층 빌딩이나 근대적 건물이 늘어서 있지만 조금만 교외로 나가면 산, 강, 바다 등의 아름다운 경관이 펼쳐지는 멋진 도시이다. 또 시내에도 가로수가 많이 정비되어 있어 '숲의 도시'라고 불리기도 한다.

매년 8월 동북 3대 축제의 하나인 센다이 칠석제가 개최되어 많은 관광객들이 방문한다.

● 牛タン _{ぎゅう} 소혀

소혀는 일본 전국 각지에서 먹을 수 있지만 센다이는 그 본고장으로 알려져 있다. 소혀 자체에 거부감을 느끼는 사람도 있지만 한 번 먹으면 중독이 될 정도로 맛있는 음식이다.

시내에는 수많은 음식 가게가 있지만 센다이의 대표 음식은 '소혀 구이', '보리밥', '꼬리 곰탕'이 세트요리로 되어 있다.

● ニッカウヰスキー宮城峡蒸溜所 _{みや ぎ きょうじょうりゅうしょ} 닛까 위스키 미야기협 증류소

일본을 대표하는 양주 회사 '닛까 위스키'는 일본 내에 증류소 두 개를 가지고 있다. 그 중의 하나가 이곳에 있다. 싱글카스크라고 불리는 최고급 위스키는 이곳에서만 구입할 수 있다.

예약을 하면 공장 견학이 가능하다. 위스키 제조 공정을 견학한 뒤 시음이나 쇼핑을 즐길 수도 있다.

◀ 센다이 역 부근의 정경

미야기협 증류소

乗り物 <ruby>乗<rt>の</rt></ruby><ruby>物<rt>もの</rt></ruby> 탈것

バス
버스

<ruby>電車<rt>でんしゃ</rt></ruby>
전철

<ruby>地下鉄<rt>ち かてつ</rt></ruby>
지하철

モノレール
모노레일

<ruby>新幹線<rt>しんかんせん</rt></ruby>*
신칸센

タクシー
택시

<ruby>飛行機<rt>ひ こうき</rt></ruby>
비행기

<ruby>船<rt>ふね</rt></ruby>
배

<ruby>自動車<rt>じ どうしゃ</rt></ruby>（<ruby>車<rt>くるま</rt></ruby>）
자동차

<ruby>自転車<rt>じ てんしゃ</rt></ruby>
자전거

バイク
오토바이

<ruby>人力車<rt>じんりきしゃ</rt></ruby>
인력거

* 일본의 고속철도

漫画を 読んで います。

まんが　よ

만화를 읽고 있습니다.

point

Track 2-08-01

井上 もしもし、ソさん。今 忙しいですか。

徐　　暇です。家で 漫画を 読んで います。

井上 じゃあ、私の 家に 遊びに 来ませんか。

徐　　いいですね。井上さんの 家は どこですか。

井上 私は 海雲台に 住んで います。

徐　　わかりました。すぐに 行きます。

▶ 낱말과 표현

忙しい 바쁘다 | 暇だ 한가하다 | 漫画 만화 | 読む 읽다 | 遊ぶ 놀다 | わかりました 알겠습니다 | 住む 살다 |
すぐに 바로

01 【て형】います ~하고 있습니다(진행)

» 食べる 먹다 → 食べて います 먹고 있습니다

» 聞く 듣다 → 聞いて います 듣고 있습니다

» する 하다 → して いません 하고 있지 않습니다

Tip

'진행'이란 어떤 동작이나 현상이 지금 막 진행 중이라는 것을 나타내는 용법입니다.

| 예문 |

❶ スマートフォンで 音楽を 聞いて います。

스마트폰으로 음악을 듣고 있습니다.

❷ 父は 電話を かけて います。

아버지는 전화를 걸고 있습니다.

❸ 去年から 日本語を 勉強して います。

작년부터 일본어를 공부하고 있습니다.

❹ 姉は 今 仕事を して いません。

누나(언니)는 지금 일을 하고 있지 않습니다.

❺ 今、友達と 遊んで います。

지금 친구와 놀고 있습니다.

▶ **낱말과 표현**

スマートフォン 스마트폰 │ 父 아버지 │ 電話 전화 │ かける 걸다 │ 去年 작년 │ 勉強する 공부하다 │ 姉 누나/언니 │
仕事 일

02 **【て형】います** ~하고 있습니다(상태)

» 知る 알다 → 知って います 알고 있습니다

» 持つ 가지다 → 持って います 가지고 있습니다

| 예문 |

❶ どこに 住んで いますか。 어디에 살고 있습니까?

新村に 住んで います。 신촌에 살고 있습니다.

❷ パソコンを 持って いますか。 컴퓨터를 가지고 있습니까?

はい、持って います。 네, 가지고 있습니다.

いいえ、持って いません。 아니요, 가지고 있지 않습니다.

❸ 中村さんを 知って いますか。 나카무라 씨를 알고 있습니까?

はい、知って います。 네, 알고 있습니다.

いいえ、知りません。 아니요, 모릅니다.

❹ 結婚して いますか。 결혼했습니까?

はい、して います。 네, 했습니다.

いいえ、して いません。 아니요, 하지 않았습니다.

Tip

'상태'란 어떤 동작이나 현상의 결과가 계속 이어지는 상태를 나타내는 용법입니다.

Tip

'~을 知って いますか(~을/를 알고 있습니까)'에 대해서는 '네 知っています(네 알고 있습니다)' 또는 'いいえ 知りません(아니요 모릅니다)'으로 대답합니다. 이때 'いいえ 知って いません'이라고 하면 잘못된 표현이 됩니다.

Tip

'결혼했습니다'라고 말할 때는 일본어로는 '結婚して います'라고 합니다. '~て いる'가 '~하고 있다'이기 때문에 직역하면 '결혼하고 있습니다'가 돼 이상한 표현처럼 느껴지겠지만 이것이 맞는 표현입니다. 결혼을 하고 그 결혼을 한 상태가 계속 이어지기 때문에 이런 표현을 씁니다.

▶ **낱말과 표현**

持つ 가지다 | 知る 알다 | 結婚する 결혼하다

▶ 옷차림 표현

帽子を かぶって います。

眼鏡を かけて います。

ジャケットを 着て います。

ズボンを はいて います。

靴を はいて います。

동사	해당 동사를 사용할 수 있는 의복이나 착용구
かぶる	帽子 모자 ヘルメット 헬멧
かける	眼鏡 안경 サングラス 선글라스
着る	服 옷 シャツ 셔츠 ジャケット 재킷 コート 코트
	セーター 스웨터 ワンピース 원피스 パーカー 후드티
	タンクトップ 러닝 フリース 후리스
はく	ズボン 바지 スカート 치마 ストッキング 스타킹 タイツ 타이츠
	靴下 양말 靴 신발, 구두 レギンス 레깅스 ジーンズ 청바지
する	腕時計 손목시계 ネクタイ 넥타이 ピアス 피어싱
	イヤリング 귀고리 ネックレス 목걸이
持つ	かばん 가방

Tip

한국어로는 옷을 착용할 때는 '셔
츠를 입다' '바지를 입다' 처럼 '입
다'라는 동사 한 가지만 사용하지
만 일본어로 말할 때는 '着る'와
'はく'라는 두 가지 동사를 써야
합니다. 상반신에 착용하는 옷에
는 '着る', 하반신에 착용하는 옷
이나 양말, 신발에는 'はく'를 사
용합니다.

▶ 아래 예와 같이 문장을 완성해 봅시다.

예)

A 今、何を して いますか。 지금 무엇을 하고 있습니까?

B 勉強して います。 공부하고 있습니다.

❶

A 今、何を して いますか。

B _____ 。

❷

A 今、何を して いますか。

B _____ 。

❸

A 今、何を して いますか。

B _____ 。

❹

A 今、何を して いますか。

B _____ 。

▶ 낱말과 표현

レポート 리포트 | 書く 쓰다 | 車 자동차 | 運転 운전 | バス 버스 | 乗る 타다

▶ 아래 예와 같이 문장을 완성해 봅시다.

예)

帽子を　かぶって います。모자를 쓰고 있습니다.

Tシャツを　着て います。T셔츠를 입고 있습니다.

半ズボンを　はいて います。반바지를 입고 있습니다.

サンダルを　はいて います。샌들을 신고 있습니다.

❶

眼鏡を _____。

ジャケットを _____。

スカートを _____。

ブーツを _____。

❷

サングラスを _____。

スーツを _____。

ネクタイを _____。

黒い 靴を _____。

▶ **낱말과 표현**

帽子 모자 ｜ Tシャツ T셔츠 ｜ 半ズボン 반바지 ｜ サンダル 샌들 ｜ かぶる (모자를) 쓰다 ｜ はく 입다, 신다 ｜
着る 입다 ｜ 眼鏡 안경 ｜ かける (안경을) 쓰다 ｜ ジャケット 재킷 ｜ スカート 치마 ｜ ブーツ 부츠 ｜
サングラス 선글라스 ｜ スーツ 양복 ｜ ネクタイ 넥타이 ｜ 黒い 검다 ｜ 靴 신발, 구두

▶ 주어진 질문에 예와 같이 대답해 봅시다.

① 今、何を して いますか。

예) 日本語の 授業を 受けて います。

_____

② どこに 住んで いますか。

예) 海雲台に 住んで います。

_____

③ 結婚して いますか。

예) いいえ、結婚して いません。

_____

④ 今、どんな 服を 着て いますか。

예) ワンピースを 着て います。

_____

▶ 낱말과 표현

受ける 받다 ┃ 今 지금 ┃ どんな 어떤

104

▶ 한국어 해석을 참고하여 밑줄 친 부분에 적절한 단어를 넣어 연습해 봅시다.

A　もしもし、＿＿＿＿さん、今 忙しいですか。

B　暇です。＿＿＿＿＿＿＿＿＿＿＿＿＿。

A　じゃあ、私の 家に 遊びに 来ませんか。

B　いいですね。＿＿＿＿さんの 家は どこですか。

A　私は ＿＿＿＿＿に ＿＿＿＿＿＿＿＿＿＿＿。

B　わかりました。すぐに 行きます。

A　여보세요, ＿＿＿＿ 씨, 지금 바쁩니까?

B　한가합니다. ＿＿＿＿＿＿＿ (〜하고 있습니다).

A　그럼, 저의 집에 놀러 오지 않겠습니까?

B　좋네요. ＿＿＿＿＿ 씨 집은 어디입니까?

A　저는 ＿＿＿＿＿에 ＿＿＿＿＿＿＿＿＿＿＿.

B　알겠습니다. 바로 가겠습니다.

Track 2-08-02

私の 家族

私は 父と 母と 姉と 私の 4人家族です。

父は 公務員です。市役所で 働いて います。趣味は 英語です。毎日 英会話スクールに 通って います。

母は デパートで アルバイトを して います。最近は 毎朝 早く 起きて 車の 運転を 習って います。

姉は 会社員です。ソウルに 一人で 住んで います。まだ 結婚 して いません。

私は 大学生です。釜山の 大学に 通って います。観光経営学科で 勉強して います。試験が 近いので、毎日 専攻の 本を 読んで います。

▶ 낱말과 표현

公務員 공무원 | 市役所 시청 | 働く 일하다 | 英語 영어 | 毎日 매일 | 英会話スクール 영어회화 학원 | 通う 다니다 |
デパート 백화점 | アルバイト 아르바이트 | 最近 최근 | 毎朝 매일 아침 | 早く 일찍 | 起きる 일어나다 |
習う 배우다 | 会社員 회사원 | ソウル 서울 | 一人で 혼자서 | 住む 살다 | まだ 아직 | 結婚 결혼 |
観光経営学科 관광경영학과 | 試験 시험 | 近い 가깝다 | ～ので ～이기 때문에 | 専攻 전공

▶ [읽기 연습]을 참고하여 자신의 가족이 어떻게 사는지 써 봅시다.

問題1 （　　　）に なにを いれますか。①・②・③・④から いちばん いい ものを ひとつ えらんで ください。

1 木村さんは 赤い 帽子を （　　　） います。

① きて　　　　② はいて　　　　③ かけて　　　　④ かぶって

2 私の 友だちは 高校で 英語を （　　　） います。

① 教えて　　　　② 教えって　　　　③ 教えりて　　　　④ 教えんで

3 A「失礼ですが、結婚して いますか。」

B「はい、結婚（　　　）。」

① します　　　　② しました　　　　③ して います　　　　④ して いました

4 A「山田さんの 電話番号を 知って いますか。」

B「いいえ、（　　　）。」

① しりません　　　　　　② しって いません

③ しりませんでした　　　　④ しって いませんでした

問題2 ＿＿＿＿＿ の ぶんと だいたい おなじ いみの ぶんが あります。①・②・③・④から
いちばん いい ものを ひとつ えらんで ください。

5 私は 学校で 仕事を して います。

① 私は 学校で 寝て います。

② 私は 学校で 働いて います。

③ 私は 学校で 遊んで います。

④ 私は 学校で 事件を 起こして います。

旅行 <ruby>りょこう</ruby> 여행

ホテル
호텔

旅館[＊] りょかん
여관

ゲストハウス
게스트하우스

シングル
싱글

ダブル
더블

ツイン
트윈

チェックイン
체크인

チェックアウト
체크아웃

温泉 おんせん
온천

一日乗車券 いちにちじょうしゃけん
1일 승차권

駅弁 えきべん
역 도시락

切符売場 きっぷうりば
매표소

＊ 다다미 방으로 구성된 일본의 전통적인 숙박시설.

遊びに 行っても いいですか。

놀러 가도 됩니까?

point

01【て형】ください ~해 주세요/하세요

02【て형】も いい ~해도 되다

Track 2-09-01

木村　クォンさん、この 本 ちょっと 借りても いいですか。

権　　はい、いいですよ。でも、水曜日までに 返して ください。

木村　はい。わかりました。

権　　水曜日、木村さんの 家に 遊びに 行っても いいですか。

木村　はい、いいですよ。駅から バスに 乗って 来て ください。

権　　はい。わかりました。

▶ **낱말과 표현**

ちょっと 좀 | 借りる 빌리다 | 返す 돌려 주다 | 水曜日 수요일 | 遊ぶ 놀다 | 駅 역 | バス 버스

01 【て형】 ください ~해 주세요/하세요

>> 教える 가르치다 → 教えて ください 가르쳐 주세요

>> 来る 오다 → 来て ください 와 주세요(오세요)

| 예문 |

❶ 英語を 教えて ください。
영어를 가르쳐 주세요.

❷ レポートを 出して ください。
리포트를 내세요.

❸ 明日は 8時に 教室に 来て ください。
내일은 8시에 교실에 오세요.

❹ ちょっと 待って ください。
잠깐 기다려 주세요.

❺ ここで 車を 止めて ください。
여기서 차를 세워 주세요.

❻ ゆっくり 話して ください。
천천히 말해 주세요.

▶ **낱말과 표현**

英語 영어 | 出す 내다 | 教室 교실 | 待つ 기다리다 | ここ 여기 | 車を 止める 차를 세우다 | ゆっくり 천천히 |
話す 말하다

02 [て형]も いい ~해도 되다

» 行く 가다 → 行っても いい 가도 되다

» 食べる 먹다 → 食べても いい 먹어도 되다

| 예문 |

❶ トイレに 行っても いいですか。
화장실에 가도 됩니까?

❷ ここに 座っても いいですか。
여기에 앉아도 됩니까?

❸ この パソコンは 学生が 使っても いいです。
이 컴퓨터는 학생이 사용해도 됩니다.

❹ 明日 遊びに 行っても いいですか。
내일 놀러 가도 됩니까?

❺ 今日は 早く 帰っても いいですか。
오늘은 일찍 돌아가도 됩니까?

▶ 낱말과 표현

トイレ 화장실 | 座る 앉다 | パソコン 컴퓨터 | 使う 사용하다, 쓰다

▶ 아래 예와 같이 문장을 완성해 봅시다.

예)

A 寒いです。 춥습니다.

B 服を 着て ください。 옷을 입으세요.

❶ A お金が ありません 。

B アルバイトを _____。

❷ A 頭が 痛いです。

B 薬を _____。

❸ A お腹が 痛いです 。

B 病院に _____。

❹ A 日本で 就職したいです。

B _____。

▶ 낱말과 표현

寒い 춥다 | 服 옷 | 着る 입다 | お金 돈 | 頭 머리 | 痛い 아프다 | 薬を 飲む 약을 먹다 | お腹 배 | 病院 병원 |
就職 취직 | がんばる 열심히 하다

▶ 아래 예와 같이 문장을 완성해 봅시다.

예)

| 내일
놀러 가다 |

A 明日 遊びに 行っても いいですか。 내일 놀러 가도 됩니까?.

B₁ はい、 いいですよ。 네, 좋습니다.

B₂ すみません、 明日は ちょっと。 죄송합니다. 내일은 좀…….

❶
한국어
말하다

A _____。

B1 はい、 いいですよ。

B2 すみません、 _____。

❷
담배
피우다

A _____。

B1 はい、 いいですよ。

B2 すみません、 _____。

❸
여기
자다

A _____。

B1 はい、 いいですよ。

B2 すみません、 _____。

▶ **낱말과 표현**

話す 말하다, 이야기하다 | たばこ 담배 | 吸う 피우다 | 寝る 자다

▶ 주어진 질문에 예와 같이 대답해 봅시다.

① ちょっと 暑いです。(「〜て ください」를 사용하며)

예) まどを 開けて ください。

_____

② 最近 暇です。(「〜て ください」를 사용하며)

예) 遊んで ください。

_____

③ _____さんの 家で たばこを 吸っても いいですか。

예) はい、いいですよ。/すみません、家では ちょっと。

_____

④ _____さんに 夜の 12時に 電話しても いいですか。

예) はい、いいですよ。/すみません、12時は ちょっと。

_____

▶ **낱말과 표현**

暑い 덥다 | まど 창문 | 開ける 열다 | 最近 최근 | 暇だ 한가하다 | 夜 밤 | ボランティア 봉사활동

▶ 한국어 해석을 참고하여 밑줄 친 부분에 적절한 단어를 넣어 연습해 봅시다.

A ＿＿＿＿さん、この 本（ほん）ちょっと 借（か）りても いいですか。

B はい、いいですよ。でも、＿＿＿＿＿＿までに 返（かえ）して ください。

A はい、わかりました。

B ＿＿＿＿＿ ＿＿＿＿さんの 家（いえ）に 遊（あそ）びに 行（い）っても いいですか。

A いいですよ。駅（えき）から ＿＿＿＿＿来（き）て ください。

B はい、わかりました。

A ＿＿＿＿＿ 씨, 이 책 좀 빌려도 됩니까?

B 네, 됩니다. 하지만 ＿＿＿＿까지 돌려 주세요.

A 네, 알겠습니다.

B ＿(언제?)＿ ＿＿＿＿ 씨 집에 놀러 가도 됩니까?

A 좋습니다. 역에서 ＿(교통 수단)＿ 오세요.

B 네, 알겠습니다.

日本での マナー

Track 2-09-02

Tip

'お土産'와 '프레젠트'는 한국어로 해석하면 둘 다 '선물'이지만 'お土産'는 여행에 가서 사 오는 토산품이나 남의 집에 방문할 때 가지고 가는 선물 등을 가리키고, '프레젠트'는 생일이나 기념일 때 전달하는 선물을 가리킵니다.

電車や バスの 中では 静かに して ください。電話は 駄目です。メールは しても いいです。お年寄りや 体の 不自由な 人には 席を 譲って ください。

飲食店では、たばこを 吸う 人は 喫煙席に 座って ください。喫煙席では たばこを 吸っても いいです。でも、喫煙席が ない 店も あります。

人の 家に 行く ときは、お土産を 持って 行って ください。そして 「つまらない ものですが」と 言って ください。高い ものでも 「つまらない ものですが」と 言って ください。

▶ **낱말과 표현**

電車 전철 | 静かに 조용히 | 電話 전화 | 駄目だ 안 되다 | メール 메일 | お年寄り 노인 |
体の 不自由な 人 몸이 불편한 사람 | 席 자리 | 譲る 양보하다 | 飲食店 음식점 | 喫煙席 흡연석 | ない 없다 |
人 사람, 남 | お土産 선물 | 持って 行く 가지고 가다 | つまらない ものですが 변변치 않은 것입니다만 |
言う 말하다 | 高い 비싸다

▶ [읽기 연습]을 참고하여 한국의 매너에 대해 써 봅시다.

❶ 전철이나 버스 안에서는……

_____

_____

_____

_____

_____

_____

❷ 음식점에서는……

_____

_____

_____

_____

_____

_____

❸ 남의 집에 방문할 때는……

_____

_____

_____

_____

_____

_____

問題 1 ＿＿＿＿の ことばは どう よみますか。①・②・③・④から いちばん いい ものを ひとつ えらんで ください。

1 あしたまでに レポートを <u>出して</u> ください。

① たして ② だして ③ いだして ④ いづして

問題 2 ＿＿＿＿の ことばは どう かきますか。①・②・③・④から いちばん いい ものを ひとつ えらんで ください。

2 この ほん ちょっと <u>かりても</u> いいですか。

① 借りても ② 仮りても ③ 貸りても ④ 返りても

問題 3 （　　　）に なにを いれますか。①・②・③・④から いちばん いい ものを ひとつ えらんで ください。

3 すみませんが、窓を （　　　） ください。

① 開くて ② 開けて ③ 開いて ④ 開きて

4 今日 学校を （　　　） いいですか。

① 体みて ② 休みて ③ 体んでも ④ 休んでも

5 A「ここで たばこを 吸っても いいですか。」

B「すみません、（　　　　） ちょっと。」

① 吸っても ② 吸っては ③ たばこを ④ ここでは

일본 문화 탐방

▶ **名古屋** 나고야
<small>な ご や</small>

● 개요

　도쿄, 요코하마, 오사카 다음으로 큰 전국 4위의 인구를 자랑하는 대도시. 중부 지방의 정치 · 경제 · 문화 · 교통의 중심지이다.

　사카에 · 메이에키 번화가를 중심으로 지하상가 및 철도망도 잘 발달되어 있어 관광하기에 좋다.

　나고야는 도쿄와 오사카 중간에 위치하여 눈에 띄지 않는 이미지가 있긴 하나 알고 보면 독특한 문화를 지닌 매력적인 도시이다.

나고야의 번화가에 위치한 오아시스21

● **トヨタ産業技術記念館** 도요타 산업기술기념관
<small>さんぎょう ぎ じゅつ き ねんかん</small>

　세계적으로 유명한 자동차 메이커 도요타를 비롯한 도요타그룹이 운영하는 기업의 박물관이 있다. '섬유 기계관'과 '자동차관' 두 개로 나누어진 각 시설은 '실을 짜고 천을 짜는 기술'과 '자동차의 원리와 개발 · 생산 기술'의 변천 과정을 상세하게 살펴볼 수 있도록 만들어져 있다.

● **味噌カツ** 된장가쓰
<small>み そ</small>

　돈가스 위에 된장을 기본으로 한 소스를 뿌려서 먹는 것을 가리킨다(일반적으로는 돈가스 소스를 뿌려 먹음).

　요리 방법이 다양해 반찬의 하나로 먹을 때도 있고 가쓰돈(돈가스 덮밥)이나 가쓰샌드(돈가스 샌드위치)의 형태로 먹을 때도 있다.

나고야 성

▶ 神戸 _{こう べ} 고베

● 개요

오사카에서 서쪽으로 약 35km에 위치한 고베시는 바다와 산에 둘러싸여 동서로 긴 시가지를 형성하고 있는 일본을 대표하는 항구 도시이다.

오래 전부터 해양운송업이 번창하여 외국과의 무역도 활발히 이루어졌다. 19세기에는 시내에 외국인이 거주하는 지역이 만들어지고 서양식 건물도 많이 지어져 현재 고배시의 중요한 관광명소로 자리잡고 있다.

고베의 코트 타워와 고베항 전경

● 麻耶山 _{ま や さん} 마야산

고베 북부에 위치한 높이 702m의 산. 로프웨이를 타고 정상 부근의 기쿠세다이 전망대에 오르면 일본을 대표하는 야경 중 하나인 아름다운 고베의 야경을 감상할 수 있다. 고베 야경을 배경으로 프로포즈 받는 것은 고베에서 자란 소녀들의 꿈 중 하나이다.

▶ 마야산에서 내려다 본 고베의 야경

● そばめし 소바메시

소바와 밥을 철판에 볶아 소스로 맛을 낸 볶음밥. 오코노미야키 가게에서 점심을 먹던 남자가 주인이 철판에 소바를 볶고 있는 것을 보고 "도시락 밥을 소바와 함께 볶아 달라"고 부탁한 것에서 탄생한 요리이다. 지금도 고베의 오코노미야키 가게에서는 남은 밥을 가져가면 소바와 함께 볶아 주는 곳도 있다.

病院 병원
びょういん

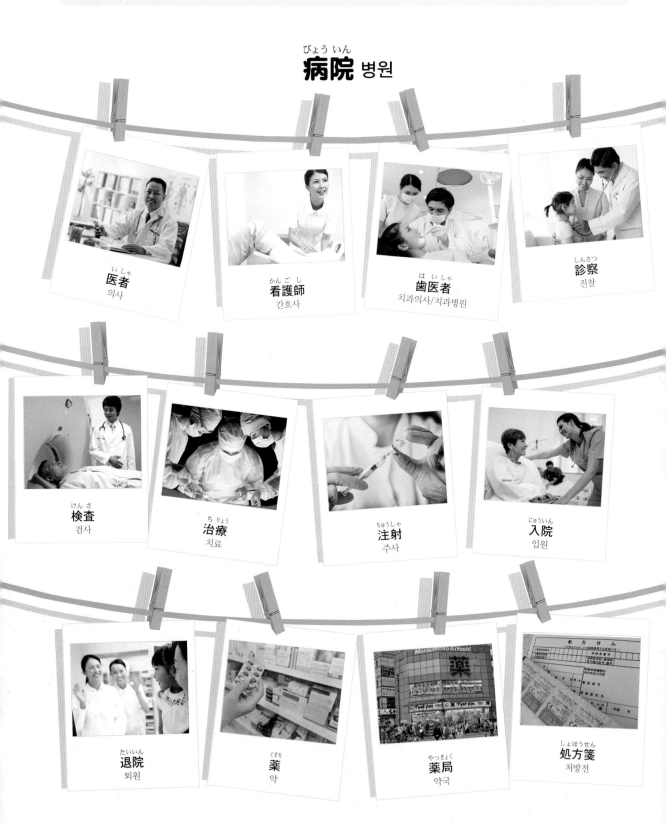

医者 의사
いしゃ

看護師 간호사
かんごし

歯医者 치과의사/치과병원
はいしゃ

診察 진찰
しんさつ

検査 검사
けんさ

治療 치료
ちりょう

注射 주사
ちゅうしゃ

入院 입원
にゅういん

退院 퇴원
たいいん

薬 약
くすり

薬局 약국
やっきょく

処方箋 처방전
しょほうせん

日本に 行った ことが ありますか。

にほん　　い

일본에 간 적이 있습니까?

point

Track 2-10-01

清水 ハンさんは 日本に 行った ことが ありますか。

韓 はい、あります。去年 沖縄に 行きました。

清水 すごいですね。私は 行った ことが ありません。

韓 そうですか。

じゃ、北海道に 行った ことは ありますか。

清水 いいえ、ありません。

でも、来年 旅行に 行く つもりです。

韓 いいですね。私も 行きたいです。

▶ 낱말과 표현

去年 작년 | すごい 대단하다 | 来年 내년 | 旅行に いく 여행을 가다 | ～つもり ～할 생각/작정

01 동사 た형 활용

3그룹 동사	불규칙적인 활용을 하고 두 개만 있음. する → した、　くる → きた
2그룹 동사	る를 떼고 た를 붙인다. みる → みた、　たべる → たべた
1그룹 동사	끝의 글자에 따라 활용이 바뀐다. う・つ・る　→　った　　　かう → かった ぬ・む・ぶ　→　んだ　　　のむ → のんだ く　　　　　→　いた　　　きく → きいた ぐ　　　　　→　いだ　　　ぬぐ → ぬいだ す　　　　　→　した　　　はなす → はなした 【예외】 いく → いった

Tip

'た형'의 활용 규칙은 'て형'의 활용 규칙과 같습니다. 즉 'て형'의 'て/で'를 'た/だ'로 바꾸면 'た형'이 됩니다. 'いく' 또한 た형에서도 예외가 되고 'いいた'가 아니라 'いった'가 됩니다.

| 확인하기 |

기본형	뜻	그룹	た형	기본형	뜻	그룹	た형
習_{なら}う	배우다	1		住_すむ	살다	1	
見_みる	보다	2		泊_とまる	숙박하다	1	
運動_{うんどう}する	운동하다	3		登_{のぼ}る	오르다	1	
行_いく	가다	1		教_{おし}える	가르치다	2	
思_{おも}う	생각하다	1		来_くる	오다	3	

02 【た형】 ことが ある ~한 적이 있다

» 見る 보다 → 見た ことが あります 본 적이 있습니다

» 食べる 먹다 → 食べた ことが ありません 먹은 적이 없습니다

| 예문 |

❶ 日本の 映画を 見た ことが あります。

일본 영화를 본 적이 있습니다

❷ 納豆は 一度も 食べた ことが ありません。

낫토는 한 번도 먹은 적이 없습니다.

❸ 飛行機に 乗った ことが ありますか。

비행기를 탄 적이 있습니까?

❹ 韓国の 漫画を 読んだ ことが ありますか。

한국 만화를 읽은 적이 있습니까?

❺ 聞いた ことは ありますが、よく わかりません。

들은 적은 있지만 잘 모릅니다.

❻ ベトナム料理は 食べた ことが ありません。

베트남 요리는 먹은 적이 없습니다.

Tip

'た형'은 과거를 나타냅니다. 또 'た형+명사'의 형태가 되면 '~한 【명사】'의 뜻이 되고 명사를 수식하게 됩니다. 예를 들면 '行った ところ(간 곳)' '会った 人(만난 사람)'와 같이 됩니다.

▶ **낱말과 표현**

納豆 낫토 | **一度** 한 번 | **飛行機** 비행기 | **漫画** 만화 | **聞く** 듣다 | **ベトナム** 베트남 | **料理** 요리

た형 활용 연습

기본형	뜻	그룹	た형
買う	사다		
使う	사용하다		
待つ	기다리다		
持つ	가지다		
乗る	타다		
走る	달리다		
帰る	돌아가다, 돌아오다		
死ぬ	죽다		
住む	살다		
休む	쉬다		
遊ぶ	놀다		
働く	일하다		
聞く	듣다		
脱ぐ	벗다		
行く	가다		
話す	이야기하다		
教える	가르치다		
寝る	자다		
着る	입다		
食べる	먹다		
する	하다		
来る	오다		

た형 활용 연습(정답)

기본형	뜻	그룹	た형
買う	사다	1	買った
使う	사용하다	1	使った
待つ	기다리다	1	待った
持つ	가지다	1	持った
乗る	타다	1	乗った
走る	달리다	1	走った
帰る	돌아가다, 돌아오다	1	帰った
死ぬ	죽다	1	死んだ
住む	살다	1	住んだ
休む	쉬다	1	休んだ
遊ぶ	놀다	1	遊んだ
働く	일하다	1	働いた
聞く	듣다	1	聞いた
脱ぐ	벗다	1	脱いだ
行く	가다	1	行った
話す	이야기하다	1	話した
教える	가르치다	2	教えた
寝る	자다	2	寝た
着る	입다	2	着た
食べる	먹다	2	食べた
する	하다	3	した
来る	오다	3	来た

▶ 아래 예와 같이 문장을 완성해 봅시다.

예)

일본
가다

A 日本に 行った ことが ありますか。
　　に　ほん　い

일본에 간 적이 있습니까?

B はい、あります。 / いいえ、ありません。

네, 있습니다. / 아니요, 없습니다.

❶ 우메보시
먹다

A ＿＿＿＿＿＿＿＿＿＿＿＿＿＿＿＿＿

B はい、あります。 / いいえ、ありません。

❷ 연예인
만나다

A ＿＿＿＿＿＿＿＿＿＿＿＿＿＿＿＿＿

B はい、あります。 / いいえ、ありません。

❸ 일본 사람
말하다

A ＿＿＿＿＿＿＿＿＿＿＿＿＿＿＿＿＿

B はい、あります。 / いいえ、ありません。

❹ 외국
가다

A ＿＿＿＿＿＿＿＿＿＿＿＿＿＿＿＿＿

B はい、あります。 / いいえ、ありません。

▶ 낱말과 표현

梅干し 매실 장아찌 | 芸能人 연예인 | 話す 말하다 | 外国 외국
うめぼし　　　　　　　げいのうじん　　　　　はな　　　　　　がいこく

▶ 주어진 질문에 예와 같이 대답해 봅시다.

① 日本に 行った ことが ありますか。

　예) はい、あります。／ いいえ、ありません。

_____

② 芸能人に 会った ことが ありますか。

　예) はい、あります。／ いいえ、ありません。

_____

③ 일본인에게 한국에서 어떤 경험이 있는지 물어봅시다!

　예1) ミルミョンを 食べた ことが ありますか。

　예2) ソウルに 行った ことが ありますか。

_____

▶ 한국어 해석을 참고하여 밑줄 친 부분에 적절한 단어를 넣어 연습해 봅시다.

A ＿＿＿＿＿＿＿さんは＿＿＿＿＿＿＿＿ ことが ありますか。

B ＿＿＿＿＿＿＿＿＿＿＿＿＿＿＿。

A 私は/私も ＿＿＿＿＿＿＿＿＿＿＿＿ ことが ありません。

B そうですか。じゃあ、＿＿＿＿＿＿＿ ことは ありますか。

A ＿＿＿＿＿＿＿＿＿＿＿＿＿＿＿＿。

B ＿＿＿＿＿＿＿＿＿＿＿＿＿＿＿＿＿＿＿＿。

A ＿＿＿＿＿＿ 씨는 (자신이 하지 않은 경험/~한) 적이 있습니까?

B ＿＿네, 있습니다 / 아니요, 없습니다＿＿.

A 저는/저도 ＿＿＿＿＿＿＿＿＿ 적이 없습니다.

B 그렇습니까? 그럼 ＿＿＿＿＿＿＿＿＿(~한) 적은 있습니까?

A ＿＿네, 있습니다 / 아니요, 없습니다＿＿.

B ＿＿＿＿＿＿＿＿(자유롭게 대답)＿＿＿＿＿＿＿＿.

Track 2-10-02

珍しい 経験

私は ヘリコプターに 乗った ことが あります。オーストラリアへ 旅行に 行った ときに 乗りました。とても 面白かったですが、怖かったです。そして、料金も とても 高かったです。

カエルの 肉を 食べた ことが あります。メキシコ料理の 店に 行った ときに 食べました。カエルの 足を 油で 揚げた ものでしたが、思ったより おいしかったです。

ジャッキー・チェンに 会った ことが あります。デパートの レストランで ごはんを 食べて いました。私は 勇気を 出して、「ハロー」と 言いました。ジャッキー・チェンも 「ハロー」と 言いました。

▶ **낱말과 표현**

珍しい 드물다 | 経験 경험 | ヘリコプター 헬리콥터 | 乗る 타다 | オーストラリア 호주 | 旅行に 行く 여행을 가다 |
面白い 재미있다 | ~が ~지만 | 怖い 무섭다 | そして 그리고 | 料金 요금 | 高い 비싸다 | カエル 개구리 | 肉 고기 |
メキシコ料理 멕시코 요리 | 店 가게 | 足 다리 | 油 기름 | 揚げる 튀기다 | もの 것 | 思ったより 생각보다 |
おいしい 맛있다 | ジャッキー・チェン 성룡 | デパート 백화점 | レストラン 레스토랑 | 勇気を 出す 용기를 내다 |
ハロー 헬로 | 言う 말하다

▶ [읽기 연습]을 참고하여 자신의 색다른 경험에 대해 써 봅시다.

問題1 ＿＿＿＿ の ことばは どう よみますか。①・②・③・④から いちばん いい ものを ひとつ えらんで ください。

1 わたしは にほんに 住んだ ことが あります。

① かんだ　　　② もんだ　　　③ とんだ　　　④ すんだ

2 らいねん、旅行に いく つもりです。

① ろこう　　　② よこう　　　③ りゅこう　　　④ りょこう

問題2 （　　　）に なにを いれますか。①・②・③・④から いちばん いい ものを ひとつ えらんで ください。

3 私は オーストラリアに 行った （　　　） が あります。

① の　　　　　② もの　　　　③ こと　　　　④ ころ

4 私は 昨日 初めて 歌舞伎を （　　　）。

① 見ました　　　　　　　② 見て います

③ 見た ことが あります　　④ 見た ことが ありました

問題3 つぎの ことばの つかいかたで いちばん いい ものを ①・②・③・④から ひとつ
えらんで ください。

5 一度も

① 肉を 一度も 食べたいです。

② この 映画を 一度も 見ましょう。

③ 一度も お酒を 飲んだ ことが あります。

④ 田中さんには 一度も 会った ことが ありません。

病気・風邪の 症状 병·감기의 증상

頭が 痛い
머리가 아프다

お腹が 痛い
배가 아프다

喉が 痛い
목이 아프다

熱が 出る
열이 나다

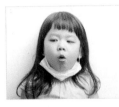

咳が 出る
기침이 나다

鼻水が 出る
콧물이 나다

鼻が 詰まる
코가 막히다

下痢を する
설사를 하다

吐き気が する
메스껍다

寒気が する
오한이 나다

めまいが する
어지럽다

ぼうっと する
멍해지다

부록

1과

▶ 회화

나카무라   넓은 캠퍼스이네요. 도서관은 어디에 있습니까?

임   저기입니다. 본관 옆에 있습니다.

나카무라   가깝네요. 카페도 있습니까?

임   네, 도서관 안에 있습니다.

나카무라   오늘은 별로 학생이 없네요.

임   오늘은 일요일입니다.

▶ 읽기 연습

나의 집

저의 집은 아파트입니다. 부산시 신평에 있습니다. 신평역에서 그다지 멀지 않습니다. 신평역 근처에는 큰 슈퍼가 있습니다. 슈퍼에는 항상 사람이 많이 있습니다. 아파트 뒤에는 산이 있습니다. 산에는 다람쥐나 사슴이나 멧돼지가 있습니다

2과

▶ 회화

윤   고바야시 씨는 가족이 몇 명입니까?

고바야시   가족은 다섯 명입니다. 아버지와 어머니와 오빠 두 명이 있습니다.

윤   고바야시 씨는 오빠가 두 명입니까? 좋네요.

고바야시   윤 상은 가족이 몇 명입니까?

윤   저도 가족이 다섯 명입니다. 부모님과 언니와 여동생이 있습니다.

고바야시   언니와 여동생입니까? 저는 윤 상이 부럽습니다.

▶ 읽기 연습

나의 가족

저희 가족은 4명이며 아버지와 어머니와 여동생이 있습니다.

아버지는 회사원이고 술을 좋아합니다. 어머니는 주부이고 자상한 사람입니다.

여동생은 대학생이고 내년에 졸업합니다. 저는 취업 준비생이고 지금 조금 힘듭니다. 그리고 저희 집에는 고양이도 있습니다. 고양이도 소중한 가족입니다.

3과

▶ 회화

오   가토 씨는 오늘 무엇을 할 겁니까?

가토   도서관에서 공부를 할 겁니다. 오 상은?

오   저는 친구와 영화를 볼 겁니다.

가토   좋네요. 주말은 무엇을 할 겁니까?

오   토요일에 여자 친구와 서울에 갈 겁니다. 가토 씨는?

가토   저는 어디에도 가지 않을 겁니다.

▶ 읽기 연습

나의 하루

아침 6시에 일어납니다. 7시에 아침밥을 먹습니다. 9시에 학교에 갑니다. 12시까지 공부를 합니다. 1시까지 친구와 점심밥을 먹습니다. 그 후에 커피를 마십니다. 4시부터 1시간 운동합니다. 6시에 집에 돌아갑니다.

7시에 저녁밥을 먹습니다. 9시에 뉴스를 봅니다. 그 후에 인터넷을 합니다. 11시에 잡니다.

4과

▶ 회화

사토   어제는 무엇을 했습니까?

장   고교시절의 친구를 만났습니다. 사토 씨는요?

사토   저는 친구와 술을 마셨습니다.

장   일요일은 무엇을 했습니까?

사토   부산에서 시티버스를 탔습니다. 장 상은요?

장   저는 어디에도 가지 않았습니다.

▶ 읽기 연습

나의 생일

가족과 근처의 뷔페 레스토랑에서 외식을 했습니다. 거기서 제가 아주 좋아하는 초밥과 회를 많이 먹었습니다. 맛있었습니다. 그리고 노래방에 갔습니다. 저는 노래를 좋아합니다. 계속 노래를 불렀습니다. 어머니도 여러 곡을 불렀습니다. 아버지는 별로 노래를 부르지 않았습니다. 즐거운 생일이었습니다.

5과

▶ 회화

야마다   한 상, 일요일 뭔가 예정이 있습니까?

한   특별히 예정은 없습니다.

야마다   그러면 같이 영화를 보러 가지 않겠습니까?

한   좋네요. 무엇을 볼까요?

야마다   일본 영화를 봅시다.

한   좋네요. 10시에 신주쿠 역 동쪽 출구에서 만납시다.

▶ 읽기 연습

일본에서 할 일

저는 내년 4월에 워킹 홀리데이로 도쿄에 갈 겁니다.
제 계획으로는 공부도 하지만, 여행도 할 겁니다.
교토나 홋카이도, 후지산 등 여러 곳에 놀러 갈 겁니다.
또 편의점이나 레스토랑에서 아르바이트도 할 겁니다.
어쨌든 여러 경험을 할 겁니다.

6과

▶ 회화

야마구치   황 상의 취미는 무엇입니까?

황   사진을 찍는 것입니다. 카메라 학교에 1년 다녔습니다.

야마구치   좋네요. 저도 예쁜 사진을 찍고 싶습니다.

황   야마구치 씨의 취미는 무엇입니까?

야마구치   여행입니다. 지난 달도 미국에 갔습니다.

황   좋네요. 저도 여행을 가고 싶습니다.

▶ 읽기 연습

나의 취미

저는 취미가 세 가지 있습니다.
첫 번째는 책을 읽는 것입니다. 매일 자기 전에 30분 정도 책을 읽습니다. 소설, 수필, 아무거나 읽습니다. 다음에는 일본어 책도 읽고 싶습니다.
두 번째는 조깅입니다. 일주일에 세 번 정도 집 근처를 1시간 정도 달립니다. 올해는 마라톤 대회에 나가고 싶습니다.
세 번째는 영화를 보는 것입니다. 오래된 외국 영화를 자주 봅니다. 바쁘지만 일주일에 한 번은 영화를 보고 싶습니다.

7과

▶ 회화

마쓰모토   신 상, 어제 무엇을 했습니까?

신   서면에 가서 영화를 보았습니다. 마쓰모토 씨는요?

마쓰모토   저는 친구를 만나서 맛있는 것을 먹었습니다.

신   좋네요. 오늘은 무엇을 할 겁니까?

마쓰모토   집에 돌아가서 잘 겁니다. 신 상은요?

신   도서관에 가서 공부할 겁니다.

아침에 일어나서

오늘은 아침에 일어나서 운동을 했습니다. 집 근처를 한 시간 정도 걸었습니다. 집에 돌아가서 아침밥을 먹었습니다. 계란과 소시지를 구워서 먹었습니다. 맛있었습니다. 그리고 버스를 타고 학교에 왔습니다.

8과

▶ 회화

이노우에 여보세요. 서 상 지금 바쁩니까?
서　　　한가합니다. 집에서 만화를 읽고 있습니다.
이노우에 그럼 저의 집에 놀러 오지 않겠습니까?
서　　　좋네요. 이노우에 씨의 집은 어디입니까?
이노우에 저는 해운대에 살고 있습니다.
서　　　알겠습니다. 바로 가겠습니다

▶ 읽기 연습

나의 가족

저는 아버지와 어머니와 언니와 저의 4명 가족입니다. 아버지는 공무원입니다. 시청에서 일하고 있습니다. 취미는 영어입니다. 매일 영어회화 학원에 다니고 있습니다.
어머니는 백화점에서 아르바이트를 하고 있습니다. 최근에는 매일 아침 일찍 일어나서 자동차 운전을 배우고 있습니다.
언니는 회사원입니다. 서울에 혼자서 살고 있습니다. 아직 결혼하지 않았습니다.
저는 대학생입니다. 부산의 대학교에 다니고 있습니다. 관광경영학과에서 공부하고 있습니다. 시험이 가깝기 때문에 매일 전공 책을 읽고 있습니다.

9과

▶ 회화

기무라 권 상, 이 책 좀 빌려도 됩니까?
권　　 네, 됩니다. 하지만 수요일까지 돌려 주세요.
기무라 네, 알겠습니다.

권　　 수요일 기무라 씨 집에 놀러 가도 됩니까?

기무라 네, 됩니다. 역에서 버스를 타고 오세요.
권　　 네, 알겠습니다.

▶ 읽기 연습

일본에서의 매너

전철이나 버스 안에서는 조용히 해 주세요. 전화는 안 됩니다. 메일은 해도 됩니다. 노인이나 몸이 불편한 사람에게는 자리를 양보해 주세요.
음식점에서는 담배를 피우는 사람은 흡연석에 앉으세요. 흡연석에서는 담배를 피워도 됩니다. 그러나 흡연석이 없는 가게도 있습니다.
남의 집에 갈 때는 선물을 가지고 가세요. 그리고 "변변치 않은 것입니다만"이라고 말하세요. 비싼 것이라도 "변변치 않은 것입니다만"이라고 말하세요.

10과

▶ 회화

시미즈 한 상은 일본에 간 적이 있습니까?
한　　 네, 있습니다. 작년에 오키나와에 갔습니다.
시미즈 대단하네요. 저는 간 적이 없습니다.
한　　 그렇습니까? 그럼 홋카이도에 간 적은 있습니까?
시미즈 아니요, 없습니다. 하지만 내년에 여행을 갈 생각입니다.
한　　 좋겠네요. 저도 가고 싶습니다.

▶ 읽기 연습

색다른 경험

저는 헬리콥터를 탄 적이 있습니다. 호주에 여행을 갔을 때 탔습니다. 아주 재미있었지만 무서웠습니다. 그리고 요금도 아주 비쌌습니다.
개구리 고기를 먹은 적이 있습니다. 멕시코 요리 가게에 갔을 때 먹었습니다. 개구리 다리를 기름으로 튀긴 것이었지만 생각보다 맛있었습니다.
성룡을 만난 적이 있습니다. 백화점 레스토랑에서 밥을 먹고 있었습니다. 저는 용기를 내서 "헬로"라고 말했습니다. 성룡도 "헬로"라고 말했습니다.

1과

1 ③	2 ②	3 ①
4 ③	5 ②	

2과

1 ①	2 ③	3 ①
4 ④	5 ②	

3과

1 ②	2 ②	3 ②
4 ④	5 ①	

4과

1 ③	2 ①	3 ②
4 ③	5 ④	

5과

1 ④	2 ②	3 ①
4 ③	5 ④	

6과

1 ②	2 ③	3 ④
4 ①	5 ①	

7과

1 ②	2 ①	3 ③
4 ④	5 ①	

8과

1 ④	2 ①	3 ③
4 ①	5 ②	

9과

1 ②	2 ①	3 ②
4 ④	5 ④	

10과

1 ④	2 ④	3 ③
4 ①	5 ④	

さ

た

참고 문헌

□ 정태준, 성해준, 한탁철, 감영희, 『하키하키 일본어 1』 동양북스(2011)

□ 정태준, 성해준, 한탁철, 감영희, 『하키하키 일본어 2』 동양북스(2011)

□ 문선희, 유창석, 김영, 『감바레 일본어 STEP1』 동양북스(2013)

□ 문선희, 임만호, 유창석, 『감바레 일본어 STEP2』 동양북스(2014)

□ 島田洋子 『日本人必携・留学生にも役立つ日本の文化と礼儀』 三恵社(2013)

□ 津堅信之 『日本のアニメは何がすごいのか 世界が惹かれた理由』 祥伝社(2014)

□ 山本素子 『日本の伝統文化』 IBCパブリッシング(2010)

□ 佐々木瑞枝 『クローズアップ日本事情15-日本語で学ぶ社会と文化』 ジャパンタイムズ(2017)

□ 旅行ガイドブック編集部 『まっぷる 東京』 昭文社(2017)

□ 旅行ガイドブック編集部 『まっぷる 大阪』 昭文社(2017)

□ 旅行ガイドブック編集部 『まっぷる 京都』 昭文社(2017)

□ 旅行ガイドブック編集部 『まっぷる 札幌』 昭文社(2017)

□ 旅行ガイドブック編集部 『まっぷる 福岡』 昭文社(2017)

□ 旅行ガイドブック編集部 『まっぷる 横浜』 昭文社(2017)

□ 旅行ガイドブック編集部 『まっぷる 沖縄』 昭文社(2017)

□ 旅行ガイドブック編集部 『まっぷる 仙台』 昭文社(2017)

□ 旅行ガイドブック編集部 『まっぷる 名古屋』 昭文社(2017)

□ 旅行ガイドブック編集部 『まっぷる 神戸』 昭文社(2017)

동양북스 채널에서 더 많은 도서
더 많은 이야기를 만나보세요!

 유튜브

 인스타그램

 블로그

 포스트

 페이스북

 카카오뷰

외국어 출판 45년의 신뢰
외국어 전문 출판 그룹
동양북스가 만드는 책은 다릅니다.

45년의 쉼 없는 노력과 도전으로 책 만들기에 최선을 다해온
동양북스는 오늘도 미래의 가치에 투자하고 있습니다.
대한민국의 내일을 생각하는 도전 정신과 믿음으로 최선을 다하겠습니다.

동양북스